Liv Larsson

Dankbarkeit, Wertschätzung und Glück

Auf dem Weg zu einem neuen Lebensstil

www.junfermann.de

blogweise.junfermann.de

www.facebook.com/junfermann

twitter.com/junfermann

www.youtube.com/user/Junfermann

LIV LARSSON

DANKBARKEIT, WERTSCHÄTZUNG UND GLÜCK

AUF DEM WEG ZU EINEM NEUEN LEBENSSTIL

MIT EINEM 52-WOCHEN-KURS

Aus dem Schwedischen von
Judith Momo Henke

Junfermann Verlag
Paderborn
2016

Copyright © der deutschen Ausgabe	Junfermann Verlag, Paderborn 2016
Copyright © der Originalausgabe	Liv Larsson 2011 Erschienen bei Friare Liv, Mjösjölidvägen 477, 946 40 Svensbyn, www.friareliv.se
Originaltitel	Tack! Uppskattning, tacksamhet och lycka som livsstil
Übersetzung	Judith Momo Henke
Illustrationen	Vilhelm PH Nilsson www.communicationforlife.org/vilhelm/
Coverbild	© zahar2000 – Fotolia
Covergestaltung / Reihenentwurf	Christian Tschepp
Satz & Layout	JUNFERMANN Druck & Service, Paderborn

Bibliografische Information der Deutschen Nationalbibliothek	Die Deutsche Nationalbibliothek verzeichnet diese Publikation in der Deutschen Nationalbibliografie; detaillierte bibliografische Daten sind im Internet über http://dnb.ddb.de abrufbar.

ISBN 978-3-95571-486-4

Dieses Buch erscheint parallel als E-Book.
ISBN 978-3-95571-584-7 (EPUB), 978-3-95571-586-1 (PDF), 978-3-95571-585-4 (MOBI).

Inhalt

Vorwort

Ich erinnere mich noch gut an die Spendenbüchse in der Sonntagsschule. Darauf befand sich die Figur eines knienden Jungen, die Hände zum Gebet gefaltet. Bei jeder Münze, die ihren Weg in die Büchse fand, nickte er mit dem Kopf. Der farbige kleine Junge machte Eindruck auf mich, denn ich hatte noch nie einen Menschen gesehen, dessen Hautfarbe anders war als meine eigene. Er dankte und ich spendete, denn ich hatte gelernt, dass es gut war, großzügig zu sein und denen zu geben, die arm waren. Dennoch schämte ich mich, als ich an die Reihe kam – als ich meine Münze in die Büchse legte und sein demütiges Nicken mir galt.

Ich erinnere mich auch, wie wir in der Schule ermahnt wurden, unsere Teller leer zu essen: „Noch ein Bissen für die armen Kinder in Afrika." Und: „Seid froh, dass ihr satt zu essen habt." Derartige Ermahnungen ließen die Nahrung im Mund zu einem Klumpen werden und machten es noch schwerer, sie hinunterzuschlucken. Die doppelbödige Botschaft, mehr zu essen, weil Kinder in anderen Ländern hungerten, verursachte einen Kurzschluss in Herz und Hirn. Inzwischen weiß ich, dass ich nicht die Einzige war, die darüber nachdachte, wie man dieses Essen zu den armen hungrigen Kindern schicken könnte.

Später lernte ich das sogenannte „positive Denken" kennen und wurde davon beeinflusst. Man sollte positiv denken und dankbar für das sein, was man bekam. Man sollte zufrieden sein, dass man den Müll hinaustragen durfte. Solange man alles mit einem Lächeln tat – den Müll entsorgen, Sport treiben oder mit dem Rauchen aufhören –, würde es ansteckend wirken und bald würden andere unserem Beispiel folgen. Und natürlich trat der Effekt bisweilen tatsächlich ein. Dennoch hatte diese künstlich auferlegte Positivität einen üblen Beigeschmack und ich sehnte mich danach, echte Dankbarkeit und unverfälschte Motivation zu spüren.

Dies sind einige Beispiele dafür, warum ich Dankbarkeit oft als unehrlich und kompliziert empfand. Daher bin ich dankbar, dass ich Gelegenheit hatte, mich für einige Jahre in die Themen Wertschätzung und Dankbarkeit zu vertiefen. Dass eine Gruppe von Menschen mir geholfen hat, alle Übungen in diesem Buch zu testen und gemeinsam mit mir unterschiedliche Begrifflichkeiten gedreht und gewendet hat, war von unschätzbarem Wert.

Ich hatte die Chance, dem Unterschied zwischen „positivem Denken" (basierend auf der Idee, dass allein positive Gedanken zu Ergebnissen führen) und dem Fokussieren auf das, was wir wollen und wofür wir arbeiten, auf den Grund zu gehen. Durch diese „Reise" habe ich meine Haltung zu Dankbarkeit und Wertschätzung überdacht und einen echten Zugang zur Dankbarkeit für „die kleinen Dinge im Leben" gefunden. Dieser Zugang eröffnet sich nicht, indem ich mich selbst aufmuntere oder versuche, positiv zu denken, um Schwieriges zu beschönigen. Er entsteht, wenn ich wirklich „bei und mit den Dingen bin, wie sie sind", und wenn ich sehe, dass es selbst in harten Zeiten vieles gibt, worüber man sich freuen und wofür man dankbar sein kann.

Bevor wir die Dankbarkeitsübungen (in diesem Buch in Kapitel 5) ein Jahr lang ausprobierten, sagten zwei Teilnehmer/innen aus der Testgruppe:

„Das Wort Dankbarkeit hat so etwas Erstickendes und Beschwichtigendes. Es lenkt die Gedanken auf die Ungleichheit, denn natürlich soll der, der weniger hat oder von geringerem Status ist, dankbar sein. Wer weniger besitzt, soll dankbar sein, wenn er von dem, der mehr hat, etwas bekommt."

„Lange habe ich zu anderen aufgesehen, habe mich oft unsichtbar gefühlt. Das Wort Dankbarkeit steht für so vieles: aufgeben, dankbar sein, ein Niemand sein. Bloß nicht auffallen und um nichts bitten. Nur hinunterschlucken und Danke sagen."

Nachdem wir die Achtsamkeitsübungen ein halbes Jahr lang praktiziert hatten, machten wir eine Auswertung und eine dieser Personen schrieb (ohne sich ihrer Worte sechs Monate zuvor bewusst zu sein):

„Dankbarkeit weckt ein schönes und warmes Gefühl im Inneren, das ich anderen Menschen entgegenbringen kann, ohne dass es sich erstickend oder fordernd anfühlt. Wunderbar!

Während dieser Zeit habe ich die Kraft gefunden, mit einer beschwerlichen Familiensituation zurechtzukommen. Dankbarkeit für das, was ich wertschätze, hat für mich Dinge geklärt, vor denen ich viele Jahre lang zu fliehen versuchte."

Dies sind nur zwei der vielen Rückmeldungen, die mir bestätigten, dass es einen positiven Effekt hat, eine Haltung von Dankbarkeit im Alltag zu entwickeln.

Während der Arbeit an diesem Buch habe ich hin und wieder gedacht, ich „müsste" etwas Seriöseres oder Ernsteres schreiben. Etwas Tiefes, Systemveränderndes, das das Leben vieler Menschen bereichert, ja, das die Welt rettet. Gleichzeitig überraschte mich, welche Freude es mir bereitete, tatsächlich gar nicht zu wissen, was zu einer besseren Welt beitragen könnte. Ich weiß nur, was mir selbst Freude bereitet. Und das Vertrauen in diese Freude erfüllt mich auf ganz andere Weise mit Tatkraft, als wenn ich versuchen würde, „das Richtige" zu tun oder das, was ich für „meine Pflicht" halte. Ich möchte nicht die Augen vor dem verschließen, was in der Welt geschieht, ich möchte nicht blind werden müssen, um Freude empfinden zu können. Im Gegenteil, ich möchte mit offenen Augen sowohl das Funktionierende wahrnehmen als auch das, was verbesserungswürdig ist.

„Frag dich nicht, was die Welt braucht. Frag, was dich lebendig macht, und dann tu es. Denn die Welt braucht Menschen, die zum Leben erwacht sind.“

(Howard Thurman)

1. Die vielen Gesichter der Dankbarkeit

1.1 Dankbarkeit als Lebensstil

„Ich fokussiere mich auf Dankbarkeit und sehe dadurch mehr Dinge, für die ich dankbar sein kann. Oft erfüllt mich ein nahezu ‚religiöses' Erstaunen, wenn ich an das denke, was ich schätze."

(Carola)

Wir Menschen sind soziale Tiere, wir sind zur Gemeinschaft geboren. Die Fähigkeit, zum Leben anderer beizutragen, wurde uns in die Wiege gelegt, ebenso wie die Verletzlichkeit, die es mit sich bringt, in gegenseitiger Abhängigkeit mit den Menschen und der Natur um uns herum zu leben.

Es liegt eine enorme Kraft in unverfälschter Dankbarkeit. Wenn Dankbarkeit geäußert und entgegengenommen wird, wirkt sie wie eine Vitaminspritze. Sie nährt unsere Beziehungen, egal ob sie romantischer Natur sind oder ob es um Beziehungen zwischen Freunden oder Arbeitskollegen geht. Dankbarkeit verdeutlicht uns, was im Leben wichtig ist und worauf wir verzichten können. Dankbarkeit zu erleben ist eine Entscheidung, die wir treffen können, und wenn wir dies tun, wird jede Zelle unseres Körpers davon erfasst.

Ein Aspekt von Dankbarkeit, den ich als geradezu magisch erlebe, ist die Tatsache, dass sie im gleichen Maße zu wachsen scheint, wie sie geäußert wird. Unser Gehirn antwortet mit Freude und wir fühlen uns glücklich, wenn wir eine andere Person glücklich sehen. Es liegt eine Wahrheit in dem Sprichwort: „Geteilte Freude ist doppelte Freude".

Bringt uns jemand Wertschätzung für etwas entgegen, das wir getan haben, und nehmen wir diese Wertschätzung an, dann ist es leicht, dankbar zu sein. Und sind wir von Dankbarkeit erfüllt, fällt es für gewöhnlich auch leichter, bei anderen Menschen Handlungen wahrzunehmen, die wir schätzen. Wie konzentrische Kreise, die sich auf dem Wasser ausbreiten, schaffen auch wir eine Kultur der Wertschätzung und der Dankbarkeit, anstelle einer Kultur, die von Pflichtgefühl und Erwartungen geprägt ist. So entwickeln wir eine Lebensweise, die sich als naturnah, ressourcenschonend, selbstversorgend, umweltfreundlich, erneuerbar und liebevoll beschreiben lässt.

Die moderne sogenannte Glücksforschung postuliert, man fühle sich glücklicher, wenn man eine von Dankbarkeit geprägte Einstellung nährt. Es überrascht nicht, dass man Folgendes herausgefunden hat: Die Menschen, die am meisten Dankbarkeit erleben, sind am glücklichsten, verfügen über die größte Energie und vertrauen stark darauf, dass es möglich ist, im Großen wie im Kleinen eine bessere Welt zu erschaffen. Dass Dankbarkeit eine Strategie ist, die uns hilft, mehr Glück zu erleben, haben Menschen zu allen Zeiten verstanden.

Je dankbarer Menschen sind – auch das zeigen Forschungsergebnisse –, umso weniger sind sie anfällig dafür, sich depressiv, neurotisch, ängstlich, einsam oder eifersüchtig zu fühlen. Einige geben sogar an, eine stärkere Immunabwehr zu besitzen und deshalb gesünder zu sein, aber hier sind die Forschungsergebnisse nicht ganz so eindeutig.

Menschen, die Dankbarkeit für das empfinden, was sie haben, fokussieren sich stärker auf das Vorhandene und weniger darauf, sich „Glück zu kaufen". Daher haben sie auch ein weniger ausgeprägtes Besitzbedürfnis und eine geringere Tendenz zu unmäßigem Konsum.

Auch wenn inzwischen einige Studien gezielt „Dankbarkeitsreaktionen" evoziert haben, kann man noch immer nicht mit Sicherheit sagen, ob dankbare Personen tatsächlich glücklichere Umstände anziehen oder ob sie schlicht dem, was geschieht, mit größerer Dankbarkeit begegnen. Was man weiß, ist: Dankbare Menschen erleben sich als glücklicher und glückliche Menschen erleben mehr Dankbarkeit. Was also kommt zuerst, die Henne oder das Ei?

Reflexion:
Welche Gefühle und Gedanken ruft das Wort Dankbarkeit in Ihnen hervor?

1.2 Dankbarkeit ist eine natürliche Konsequenz

Das Gefühl der Dankbarkeit ist eine natürliche Reaktion, wenn wir uns bewusst machen, dass wir etwas erhalten haben, was wir benötigen – sofern wir nicht von bewertenden Gedanken abgelenkt werden. Allerdings haben die meisten Menschen eine Denkweise verinnerlicht, die dem natürlichen Dankbarkeitsfluss im Weg steht. Zum Beispiel denken wir, wir **verdienten** etwas und es sei **nicht mehr als recht**, dass wir bekommen, was uns **zusteht**, oder es sei die **Pflicht der anderen**, etwas für uns zu tun.

Umgekehrt wehren wir uns möglicherweise gegen das, was wir bekommen, weil wir denken, wir **verdienten so etwas Gutes nicht** und seien es **nicht wert**. Und es gibt einen weiteren Grund, warum uns das Gefühl von Dankbarkeit manchmal entgeht: Wenn wir uns von dem Gedanken in die Irre führen lassen, jemand würde uns etwas nur geben, um uns zu manipulieren.

Selbst wenn unsere Dankbarkeit frei fließt, ist es mitunter schwierig, sie mit Worten auszudrücken. Vielleicht glauben wir, der andere wolle unsere Wertschätzung nicht hören. Und oft erleben wir, dass der andere eher verlegen wirkt, wenn wir unsere Anerkennung zeigen. Vielleicht errötet er oder tut die Wertschätzung mit Entgegnungen ab wie „Ach, das ist doch nicht der Rede wert“ oder „Das ist selbstverständlich, schließlich liebe ich dich“, „Das ist nur meine Pflicht als Mama / Papa / Chefin / Freund / Mitarbeiterin“ oder „Du hast es verdient“. Dann bleibt die Wertschätzung im Halse stecken, wir fühlen uns womöglich ebenfalls befangen oder werden rot, da wir uns nicht angenommen fühlen. Sind wir das nächste Mal dankbar, lassen wir es vielleicht lieber bleiben, etwas zu sagen. Eine weitere Herausforderung besteht darin, dass wir manchmal selbst eine so starke Sehnsucht danach haben, mehr Wertschätzung zu erfahren, dass wir keine richtige Freude darin finden, sie anderen entgegenzubringen.

Für die meisten Menschen steht außer Frage: Wenn Unzufriedenheit nicht ausgedrückt wird, sondern bestehen bleibt und weiter schwelt, erschwert sie den zwischenmenschlichen Kontakt. Vielen ist aber nicht bewusst, dass auch Wertschätzung, die nicht geäußert wird, der Verbindung im Weg stehen kann. Die Dankbarkeit ist da und sie will hinaus wie wunderschöne glutheiße Lava in einem pulsierenden Vulkan.

Eine meiner Freundinnen bewunderte einen gemeinsamen Freund in vielerlei Hinsicht. Es inspirierte sie, wie er Probleme löste und wie er kommunizierte. Wenn sie ihn beschreiben sollte, tat sie dies mit statischen Begriffen wie „kreativ, fantastisch und mutig“. Sie glaubte, zu seinem Leben nichts beitragen zu können, und hielt deshalb Abstand. Im Laufe einiger Jahre wurde ihre aufgestaute Wertschätzung zu einer unsichtbaren Mauer zwischen den beiden.

Dann kam eine Zeit, in der sie sich darauf konzentrierte, mehr Dankbarkeit in ihrem Leben zu finden, und sie stellte eine Verbindung mit den Bedürfnissen hinter den positiven Beurteilungen her. Das half ihr zu verstehen, wie gern sie ihn wissen lassen wollte, dass er ihr viel Hoffnung und Inspiration eingab. Als sie in Worten ausdrückte, wie sehr sie ihn schätzte und warum, war er erleichtert und gerührt. Er hatte bemerkt, dass sie Abstand gehalten hatte, und war davon ausgegangen, dass sie ihn aus irgendeinem Grund nicht mochte. Erst war sie überrascht. Dann sah sie ein, dass er natürlich nicht hatte wissen können, wie sehr sie ihn schätzte, da sie es ihm nie gesagt hatte. Danach wurde er in ihren Augen „menschlicher", und sie hatte endlich das Selbstbewusstsein zu glauben, dass sie in seiner Gegenwart „genügte".

Reflexion:
Was steht Ihnen im Weg, um mehr Dankbarkeit in Ihrem Leben zu erfahren?

1.3 Wie Dankbarkeit wächst

„Ich betrauere jede verlorene Gelegenheit zu feiern!
Nachdem die Tränen mein Herz reingewaschen haben, kann ich mich wieder freuen.
Nun darf das Herz überfließen und dankbar die Gaben entgegennehmen, die das Leben bereithält.“

(Ellen)

Da wir Menschen soziale Wesen sind, lassen sich unsere Bedürfnisse häufig leichter in Kontakt mit anderen Menschen erfüllen. Es ist sogar so, dass unser Gehirn mit Freude antwortet und uns Glückssignale sendet, wenn wir sehen, dass eine andere Person glücklich ist. Glück und Freude sind ansteckend, daher werden wir selbst froh, wenn wir zur Freude einer anderen Person beitragen.[1]

Wollen wir Dankbarkeit in unserem Leben etablieren, so ist es wertvoll zu wissen, wie wir sie nähren können, aber auch, wie wir mit den Hindernissen für ihr Wachsen umgehen können. Dankbarkeit ist so viel mehr, als einfach nur Danke zu sagen. Dankbarkeit beinhaltet auch Offenheit und Neugier gegenüber dem Leben selbst. Offen und neugierig zu sein, verleiht uns Kraft, mit Neid, Gier, Passivität, Missgunst, Feindbildern und Eifersucht umzugehen, und ebenso ein gewisses Maß an Akzeptanz, aber nicht von der Sorte, die uns resignieren lässt.

Wenn wir verstehen, dass wir frei sind, unsere Verhaltensweise zu wählen – und spüren, welch enorme Kraft uns zur Verfügung steht, um unser eigenes Leben und das anderer zu bereichern und zum beiderseitigen Wohlergehen beizutragen –, werden wir leichter Dankbarkeit erleben. Für mich basiert Dankbarkeit auf einer freien Entscheidung, erzwungene Dankbarkeit hingegen ist keine Dankbarkeit. Das automatische und höfliche „Danke“, das viele Kinder in frühem Alter unter Zwang erlernen, ist kein Ausdruck von Dankbarkeit. Echte Dankbarkeit – egal welchen Ausdruck sie findet – ist ein kraftvolles Gegengift, wenn wir Gefahr laufen, uns in Gefühlen und Selbstmitleid zu suhlen. Jemand hat einmal gesagt, Dankbarkeit sei „das Gedächtnis des Herzens“ und es scheint in der Natur der Dankbarkeit zu liegen, dass sie sowohl die Gegenwart als auch die Vergangenheit spiegelt. Unsere Erlebnisse im Hier und Jetzt wertzuschätzen, aber auch klar zu sehen, warum und wie sie sich ereignen konnten, erweitert unser Herz und gibt uns Raum zu staunen. Sehen wir erst einmal den Zusammenhang, wie Ereignisse aus der Vergangenheit die Gegenwart beeinflussen, verstärkt sich das Gefühl von Verbundenheit und Sinnhaftigkeit.

Menschen wie Viktor Frankl und Etty Hillesum haben gezeigt, dass es möglich ist, auch in den schrecklichsten Situationen Dankbarkeit und Sinnhaftigkeit zu spüren. Beide erlebten als Juden das Nazi-Regime und dennoch gelang es ihnen, einen Sinn zu finden. Etty Hillesum beschrieb, wie sie sich im Konzentrationslager in einen anderen Gefangenen verliebte und wie beide sich Händchen haltend am Sonnenuntergang hinter dem Stacheldrahtzaun von Westerbork erfreuten.[2]

Die Ehefrau und die Eltern von Viktor Frankl starben im Konzentrationslager. Ihm selbst gelang es dennoch, einen Sinn zu finden und zu überleben. In seinem Buch „… trotzdem Ja zum Leben sagen" beschreibt er, wie es Gefangenen auf unterschiedlichste Weise gelang, Sinn zu erfahren und trotz der verheerenden Lage weiterzuleben. Seine Haltung, selbst seinen eigenen drohenden Tod als Beweis dafür zu sehen, dass er Teil eines Sinnzusammenhangs war, weckt meine Dankbarkeit für mein eigenes so sicheres Leben.[3]

Wenn Sie sich danach sehnen, Ihrer Dankbarkeit Nahrung zu geben und Sie sofort damit beginnen möchten, gibt es verschiedene Möglichkeiten. Sie können zum Beispiel jemanden bitten, seine Wertschätzung zu äußern, und darauf achten, diese wirklich anzunehmen. Oder Sie sagen einem anderen Menschen, was Sie an ihm oder ihr schätzen. Eine weitere Alternative wäre, sich umzusehen und die Dinge ausfindig zu machen, für die Sie dankbar sind – über solche Erlebnisse führen Sie am besten ein regelmäßiges „Dankbarkeitstagebuch". Vielleicht möchten Sie auch einen Spaziergang in der Natur machen und genießen, was Sie sehen. Oder einen alten Freund anrufen, der vor Jahren einmal etwas für Sie getan hat, und ihm sagen, wie dankbar Sie dafür sind. Oder Sie halten für eine Weile inne und betrachten den Überfluss, der um sie herum herrscht. Vielleicht wird Ihre Dankbarkeit auch dadurch geweckt, einem Kind in die Augen zu sehen oder das Lachen einer Person zu hören, die Sie lieben.

„Mudita" ist ein Sanskrit-Wort für Freude, vor allem für Freude über die Erfolge und das Wohlbefinden anderer.[4] Stellen Sie sich die Möglichkeit vor, nicht nur froh über die guten Dinge zu sein, die uns selbst passieren, sondern auch über das Glück anderer, und sich dadurch viel häufiger freuen zu können.

Das Glück liegt in unseren Händen, und aufmerksam zu registrieren, wofür wir dankbar sind, ist ein Königsweg, der uns allen offensteht. Das ausführliche Programm weiter hinten im Buch zeigt, wie Sie im Laufe eines Jahres Ihre Dankbarkeitsmuskeln aufbauen können. Aber warum nicht jetzt gleich beginnen, indem Sie eine Hand auf Ihr Herz legen?

Lassen Sie sich berühren, atmen Sie tief ein und aus und sagen Sie langsam: „Danke!" Nehmen Sie alles wahr, wofür Sie dankbar sind, und fragen Sie sich:

Fühlt es sich warm und angenehm an? Oder eher so, als spränge Ihnen das Herz entzwei? Vielleicht fühlen Sie sich daran erinnert, für wie vieles Sie dankbar sein können und wie oft Sie es übersehen?

Spüren Sie Schmerz über etwas, das Sie betrauern, können Sie eine Verbindung zu ungeweinten Tränen herstellen?

Egal, welches Gefühl in Ihnen hervortritt, lassen Sie das Herz leben und spüren – in seinem Inneren ist die Dankbarkeit zu Hause.

Eines meiner liebsten Zitate lautet: „I choose to stay open no matter what" (Egal, was passiert: Ich entscheide mich, offen zu bleiben). Es hilft mir (nicht immer, aber häufig), mich einzulassen, mich von dem Geschehenden berühren zu lassen und zu staunen, über welche Pfade mich das Leben führt.

Um Ihre Dankbarkeit wachsen zu lassen, können Sie die Übung für Woche 1 auf Seite 88 machen und ein Dankbarkeitstagebuch führen.

1.4 Das Dankbarkeitspuzzle

„Kümmere dich nicht darum, ob alle Voraussetzungen für dein Feiern erfüllt sind. Wenn du dich stets sorgst, ob auch alle Hindernisse beseitigt sind, glaubst du, dass du jemals zum Feiern kommst? Du wirst niemals feiern, du wirst sterben wie ein Bettler.

Also warum nicht gleich jetzt?
Was fehlt dir noch?

Dies habe ich gesehen:
Wenn du gleich jetzt damit beginnst, fließt die Energie.
Und je mehr du tanzt,
desto stärker fließt sie
und desto mehr wirst du fähig sein, zu feiern.“

(Osho)

Es gibt keine fest umrissenen äußeren Voraussetzungen dafür, dass wir feiern und uns freuen dürfen. Der *Fokus* hingegen, für den wir uns entscheiden, beeinflusst sehr wohl, ob wir Dankbarkeit spüren oder nicht. Wenn wir uns bewusst werden, dass wir frei sind, zu wählen, wie wir uns zu den Geschehnissen um uns herum verhalten wollen, kann das zu Dankbarkeit führen. Diese Freiheit hilft uns zu akzeptieren, zu staunen und Kraft zu schöpfen, und sie schenkt uns den Willen, das zu beeinflussen, was wir verändern möchten.

Wir Menschen fühlen uns am besten, wenn wir anderen und uns selbst aus freien Stücken geben können. Etwas aus reiner Pflicht zu tun, weil wir es tun sollten oder müssen, tötet hingegen Freude und Dankbarkeit. Gedanken wie: „Ich sollte dankbar sein“ oder Äußerungen wie: „Du solltest dankbar sein“ können sich der Naturgewalt Dankbarkeit wie eine Mauer in den Weg stellen.

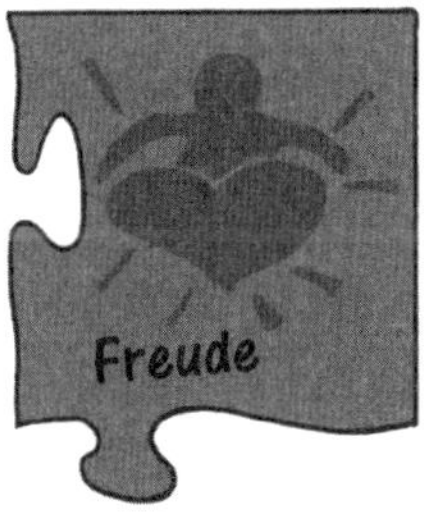

Wenn wir etwas tun, weil wir dafür belohnt werden oder um einer Bestrafung zu entgehen, ist es schwer, echte Dankbarkeit zu empfinden.

Tun wir Dinge, weil wir sie tun *wollen* und Freude uns motiviert, fällt es uns leichter, uns dankbar zu fühlen – sowohl dankbar für das Resultat als auch für das Tun selbst. Ich glaube wirklich daran, dorthin zu gehen, wohin uns die Freude führt, und habe mich manches Mal von den Worten Lynn McMullans leiten lassen: „*Freude ist Gottes Art, dich wissen zu lassen, dass du auf dem richtigen Weg bist.*“[5]

Einige meiner Annahmen in Bezug auf Menschen lauten:

- Menschen erleben es als sinnstiftend, anderen zu geben.
- Menschen wollen zur Gemeinschaft, in der sie leben, beitragen.
- Menschen erfreuen sich daran, andere glücklich zu sehen.

Manchmal fällt es schwer, an diese Annahmen zu glauben, und ich möchte sie nicht als absolute Wahrheiten darstellen. Mir wäre es lieber, wir würden sie in regelmäßigen Abständen überprüfen und bewusst wählen, wie wir uns anderen Menschen gegenüber verhalten möchten.

Ich glaube nicht an Gebete, die nicht zu Taten führen. Ich glaube nicht an Tränen, die nicht zu Taten führen. Aber ich glaube auch nicht an Taten, die nicht aus Gebeten und Tränen entstehen.

(Marshall Rosenberg[6])

Wenn wir uns Ziele setzen und diese schließlich erreichen, fühlen wir uns stolz und dankbar für unsere Fähigkeiten. Wollen Sie Glück in Ihr Leben bringen, ist es wichtig, dass Sie sich auf das konzentrieren, was Sie wollen, statt auf das, was Sie nicht wollen. Dies hilft Ihnen, Kraft zu finden und sich über Ihr weiteres Handeln klar zu werden. Während meiner Jahre als Beraterin, aber auch als Mitmensch, habe ich häufig gefragt:
„Was möchtest du?“ beziehungsweise *„Was möchten Sie?“*

und oft die Antwort erhalten:
„Ich weiß es nicht.“

Um Hinweise darauf zu erhalten, was wir wollen, brauchen wir einen Zugang zu unserem inneren lebendigen Kern, wir brauchen eine Verbindung zu unseren Gefühlen und Bedürfnissen. Wenn wir wissen, was wir wollen, ist es schwieriger, uns zu Dingen zu zwingen, sodass andere uns womöglich als anstrengend erleben. Daher kann es schwierig sein, fest zu dem zu stehen, was wir möchten, da Gemeinschaft *so wichtig* für uns Menschen ist. Fest für das einzustehen, was wir wollen, und gleichzeitig zu sehen, wie wir zur Gemeinschaft beitragen können, in der wir leben, stellt einen Balanceakt dar, in dem wir uns üben sollten.

Die folgende Episode aus Jean Liedloffs Buch *Auf der Suche nach dem verlorenen Glück. Gegen die Zerstörung unserer Glücksfähigkeit in der frühen Kindheit** erzählt von Pepe und Cesar und ist in meinen Augen ein schönes Beispiel dafür, wie gut wir uns fühlen, wenn wir Teil einer Gemeinschaft sind. Cesar wurde im gleichen indianischen Dorf geboren wie Pepe, wurde aber von Venezolanern adoptiert und wohnte lange in der Stadt. Er ging dort zur Schule, lernte Lesen und Schreiben und wurde wie ein Venezolaner erzogen.

* Liedloff, Jean: Auf der Suche nach dem verlorenen Glück: Gegen die Zerstörung unserer Glücksfähigkeit in der frühen Kindheit. (c) C. H. Beck, München 2013

Als er erwachsen war, kam er, wie viele Männer aus jenen Städten in Guyana, zum Oberen Caroni, um sein Glück bei der Diamantensuche zu versuchen. Er arbeitete gerade mit einer Gruppe von Venezolanern, als er von Mundo, dem Häuptling der Tauripans von Guayparu, erkannt wurde.

„Bist du nicht von José Grande in sein Haus mitgenommen worden?“ fragte ihn Mundo.

„Ich wurde von José Grande aufgezogen“, sagte Cesar, der Geschichte nach.

„Dann bist du zu deinem eigenen Volk zurückgekehrt. Du bist ein Tauripan“, sagte Mundo.

Worauf Cesar nach reiflicher Überlegung zu dem Schluß kam, es würde ihm als Indianer besser gehen, als wenn er als Venezolaner lebte; er kam also nach Arepuchi, wo Pepe wohnte.

Fünf Jahre lang lebte Cesar nun mit Pepes Familie, heiratete eine hübsche Tauripan-Frau und wurde Vater eines kleinen Mädchens. Da Cesar nicht gern arbeitete, aßen er, seine Frau und seine Tochter von dem, was in Pepes Pflanzung wuchs. Cesar war hocherfreut, daß Pepe von ihm nicht erwartete, er müsse sich einen eigenen Garten anlegen oder auch nur bei der Arbeit in dem seinen helfen. Pepe arbeitete gern, und da Cesar das nicht tat, paßte diese Regelung beiden Seiten.

Cesars Frau beteiligte sich gern mit den anderen Frauen und Mädchen zusammen am Schneiden und Zubereiten der Cassaba, aber Cesar tat nichts gern, außer den Tapir und gelegentlich anderes Wild zu jagen. Nach einigen Jahren entwickelte er eine Neigung zum Fischen und fügte seine Fänge denen von Pepe und seinen zwei Söhnen hinzu, die immer gern fischten und seine Familie damit stets ebenso großzügig versorgt hatten wie ihre eigene.

Kurz vor unserem Eintreffen dort beschloß Cesar, sich einen eigenen Garten anzulegen, und Pepe half ihm bei jeder Kleinigkeit, von der Wahl der Lage bis zum Fällen und Verbrennen der Bäume. Pepe genoß das um so mehr, als er und sein Freund die ganze Zeit schwatzten und Späße machten.

Nach fünfjähriger Rückenstärkung hatte Cesar das Gefühl, daß ihn keiner zu diesem Projekt trieb und war ebenso frei, Freude an der Arbeit zu empfinden, wie Pepe oder irgendein anderer Indianer.

Pepe erzählte uns, daß alle in Arepuchi darüber froh waren, da Cesar zunehmend unzufrieden und reizbar geworden war. „Er wollte sich gern einen eigenen Garten anlegen“ – lachte Pepe – „aber er wußte es selber nicht!“ Pepe fand es sehr komisch, daß es jemanden gab, der nicht wußte, daß er arbeiten wollte.

Menschen möchten einen Beitrag leisten und spüren, dass sie Teil einer Gemeinschaft sind. Können wir dies ohne Zwang tun und erleben wir darin einen Sinn, ist es nur natürlich, dass wir etwas schaffen wollen und auch für andere einen Beitrag leisten möchten. Wenn Freiheit *und* Verbundenheit zusammenkommen, ist es uns möglich, in uns selbst eine enorme Kraft freizusetzen, aus der heraus wir agieren können.

Als ich den Gedanken akzeptierte, dass es keine völlig altruistischen Handlungen gibt, fiel mir ein Stein vom Herzen. Und als ich verstand, dass wir die Konzepte des positiven Denkens und den Gedanken, wir müssten „Gutes" tun, miteinander vermengen, brach noch eine Grenze in meinem Inneren auf. Wenn wir uns von dem Gedanken lösen, Menschen seien entweder gut oder böse, und stattdessen davon ausgehen, sie seien ausschließlich gut, hängen wir immer noch einer Denkweise an, die dazu beiträgt, dass die Gewalt auf unserem kleinen Planeten eskaliert, denn nach wie vor denken wir in den Kategorien von Gut und Böse. Ich versuche, nach der Vorstellung zu leben, dass wir Menschen uns gut fühlen wollen. Und da wir davon abhängig sind, dass die Gemeinschaft, in der wir leben, funktioniert, wollen wir auch zum Leben anderer beitragen.

Im ihrem Buch über die Selbstheilungskräfte des Menschen erzählt Susanna Edhin die Geschichte dreier Steinmetze.[7] Alle drei waren mit der gleichen Sache beschäftigt, aber als sie gefragt wurden, was sie taten, antworteten sie ganz unterschiedlich:
„Sie sehen doch, dass ich Steine bearbeite", antwortete der erste gereizt.
„Ich verdiene das Brot für mich und meine Familie", lautete die Antwort des zweiten.
Der dritte Steinmetz antwortete: *„Ich baue eine fantastische Kathedrale!"*

Selbst gesetzte klare Ziele, die uns helfen, uns als Teil eines Zusammenhangs zu erleben, sind eine wirksame Strategie, um unser Glücksniveau zu erhöhen. Wenn wir diese Ziele (besonders die herausfordernden) erreichen, macht uns das stolz auf unsere Fähigkeiten. Sofern wir uns nicht von der Schlussfolgerung verführen lassen, wir seien besser als andere oder wir seien „tüchtig", führt dies zu Wertschätzung unserer selbst. Zudem ruft es echte Dankbarkeit für das hervor, was uns geschenkt wurde und was uns ermöglicht hat, unsere Träume zu verwirklichen.

Wenn wir wissen, was wir erreichen wollen, und in Einheit mit dem agieren, was wir wertschätzen, können die langweiligsten Beschäftigungen bedeutsam werden. Zum Beispiel habe ich mich entschieden, sofern nur irgend möglich, Lebensmittel aus ökologischem Anbau zu kaufen. Einkaufen finde ich ziemlich trist, aber wenn ich im Geschäft eine bewusste Wahl treffe, erfüllt mich dies mit Dankbarkeit. Der Idee eines Teilnehmers „meiner" Wertschätzungstestgruppe verdanke ich es zudem, dass ich inzwischen akzeptieren kann, in einer langen Schlange warten zu müssen. Ich nutze diese Zeit nämlich, um still Danke für alles zu sagen, was ich an diesem Tag erhalten habe. Lebensmittel einzukaufen wird auf diese Weise noch schöner.

Oft fällt es mir schwer, mir langfristige Ziele zu setzen, was ich früher oft als Problem empfand. Doch dann kam ich darauf, stattdessen Danke für die Dinge in meinem Leben zu sagen, für die ich echte Dankbarkeit empfinde (für Gesundheit, wichtige Menschen in meiner Nähe, dass ich die Möglichkeit hatte, mehrere Bücher zu schreiben), und so wurde mir klar, dass meine wahren Ziele sich erfüllten, ohne dass ich an die Zukunft denken musste.

1.5 Betrauern und akzeptieren, was geschieht

„I think our capacity for wholeheartedness can never be greater than our willingness to be broken-hearted."[8]

(Brené Brown)

Als Kind liebte ich es zu singen. Dennoch erinnere ich mich, wie ich mich quälte, das heitere Lied „Sudda sudda bort din sura min"[9] zu singen. Dass man seinen Mund habe, um zu lachen und zu singen, fühlte sich eher fordernd und erdrückend als unterstützend und aufmunternd an. Das positive Denken hatte in Schweden Einzug gehalten. Seine Botschaft verstand ich als Pflicht, fröhlich und positiv zu sein, und nutzte als Jugendliche jede Gelegenheit, dagegen zu rebellieren. Als ich vor einigen Jahren Barbara Ehrenreichs Buch „Smile or Die. Wie die Ideologie des positiven Denkens die Welt verdummt" las, verstand ich, wie hoch der kulturelle Druck ist, positiv zu denken.[10]

Ehrenreich beschreibt in ihrem Buch, wie sie einem Freund erzählte, dass sie an Brustkrebs erkrankt war. Statt darauf mit Besorgnis oder Fürsorge zu reagieren, ließ dieser sich fröhlich darüber aus, was für eine Chance die Krankheit sei und dass Sie nun endlich herausfinden könne, was ihr im Leben wirklich wichtig sei …

Ich erkenne mich in der Wut wieder, die Ehrenreich darüber empfand, so behandelt zu werden. Auch ich kann mich unheimlich darüber aufregen, wie Ideen des positiven Denkens benutzt werden, um Schmerz und Kummer auszuweichen, weil wir nicht wissen, wie wir damit umgehen sollen. Außerdem werde ich wütend, dass uns diese Haltung weniger hellhörig für das macht, was tatsächlich in anderen Menschen vorgeht.

Wie sehr sich die Vorstellung ausbreitet, man könne alles erreichen, sofern man nur die richtige mentale Einstellung hat und positiv denkt, beunruhigt mich. Wir glauben, wir könnten die Welt allein durch unsere Gedanken verstehen und erklären.

Oft fühlen wir uns jedoch besser, wenn wir uns nicht so sehr damit beschäftigen, wie wir die Dinge steuern können, sondern unseren Fokus stattdessen darauf richten, zu leben und unsere Zeit zu genießen.

Auch wenn ich es wenig ruhmreich finde, habe ich selbst viele Male versucht, unangenehme Situationen mit dem Satz zu beschönigen: „Es wird sich schon alles finden". Das hat dazu geführt, dass Konflikte eskaliert sind und wichtige Beziehungen darunter gelitten haben.

Andererseits können wir uns selbst auch unnötig Leid zufügen, indem wir Dinge für schlimmer halten, als sie tatsächlich sind, und uns davon beunruhigen lassen. Es kann also wirklich eine Herausforderung sein, ein Gleichgewicht zu finden – Dinge positiv zu sehen und sich an ihnen zu erfreuen, ohne entweder oberflächlich zu werden oder aber in all unseren Sorgen zu ertrinken.

Der folgende Text stammt von einer Freundin. Sie schreibt darüber, wie tiefe Dankbarkeit entstehen kann, wenn wir uns die Zeit nehmen, aufrichtig zu beobachten, was in uns vorgeht, und zu trauern, statt so zu tun, als sei alles in bester Ordnung:

So lange ich denken kann, habe ich mich schuldig dafür gefühlt, Zugang zu sauberem Wasser zu haben. Den Wasserhahn aufzudrehen war für mich eine Quelle der Schuld, des Hasses und der Hoffnungslosigkeit, während ich eigentlich hätte „dankbar sein sollen". Aber vor einigen Jahren beschloss ich, nicht mehr zu versuchen, dankbar zu sein, und stattdessen den Schmerz darüber, wie die Welt aussieht, zuzulassen. In meinem Inneren nahm ich Kontakt mit allen Menschen und Tieren auf, die keinen Zugang zu Wasser haben, und ich weinte und weinte mehrere Tage lang. Im Badezimmer weinten der Wasserhahn und ich um die Wette! Und dann änderte sich etwas. Wenn ich nun den Wasserhahn aufdrehe, erlebe ich es als ein kleines Wunder, dass tatsächlich Wasser kommt. Ich fühle Dankbarkeit gegenüber den Tausenden von Menschen, die dafür gearbeitet haben und immer noch daran arbeiten, dass ich sauberes Wasser bekomme. Und ich möchte mich noch immer dafür einsetzen, dass alle Zugang zu Wasser erhalten.

(Cecilia)

Gefühle, die uns Unbehagen bereiten, können wir nicht einfach betäuben. Versuchen wir das mit Trauer, Scham, Schuld oder Enttäuschung, betäuben wir automatisch auch Freude, Dankbarkeit und andere Glücksgefühle. Tief zu trauern kann uns Zugang zu Dankbarkeit und Freude öffnen. Ich liebe es, welche Worte Khalil Gibran* findet, wenn der Prophet auf die Bitte „Sprich zu uns von Freude und Trauer" antwortet.

* Khalil Gibran „Eure Freude ist eure Trauer ohne Maske ...", aus: Ders., Der Prophet. Übersetzt von Ulrich Schaffer © Verlag Herder GmbH, Freiburg i. Br. 2011.

Eure Freude ist eure Trauer ohne Maske. Und der Brunnen, aus dem euer Lachen kommt, war oft mit euren Tränen gefüllt – wie kann es anders sein? Je tiefer die Trauer sich in euer Leben eingräbt, desto mehr Freude könnt ihr aufnehmen. Ist nicht der Becher, der euren Wein enthält, derselbe Becher, der in dem Ofen des Töpfers gebrannt wurde? Ist nicht die Laute, die euren Geist beruhigt, aus dem Holz gemacht, das mit Messern ausgehöhlt wurde?

Wenn ihr voller Freude seid, seht tief in euer Herz und ihr werdet entdecken, dass nur, was euch vorher trauern ließ, euch jetzt Freude gibt. Wenn ihr betrübt seid, seht wieder in euer Herz und ihr werdet entdecken, dass ihr in Wirklichkeit über das weint, was euch früher Freude machte.

Manche von euch sagen: „Freude ist größer als Trauer", und andere sagen: „Nein, Trauer ist größer als Freude." Aber ich sage euch, dass die beiden nicht zu trennen sind. Sie treten zusammen auf und wenn eine an eurem Tisch sitzt, so liegt die andere schlafend in eurem Bett.

Wahrlich, ihr schwebt zwischen eurem Leid und eurer Freude wie die zwei Schalen einer Waage. Nur wenn ihr leer seid, steht ihr still und ausgeglichen. Wenn der Schatzhüter euch emporhebt, um sein Gold und Silber zu wiegen, dann wird eure Freude und eure Trauer zwangsläufig steigen oder fallen.

Kahlil Gibran

An einem Wintermorgen schaute er, während er sich anzog, aus dem Fenster. Jetzt hasste er den Winter nicht mehr, denn er wusste, dass dies nur die Zeit des schlafenden Frühlings und der sich ausruhenden Blumen war."

(Aus „Der selbstsüchtige Riese" von Oscar Wilde)

Während meiner ersten Ausbildung bei Marshall Rosenberg, dem Begründer der Gewaltfreien Kommunikation, in den USA, bat mich jemand, etwas auf Schwedisch zu singen. Ich hatte bereits begonnen, die Bedeutung allgemein menschlicher Bedürfnisse in der Tiefe zu erforschen und wollte sicher sein, das zu tun, was meine Bedürfnisse erfüllte. Ich war völlig verwirrt und wusste nicht, ob ich mich bereit erklären sollte zu singen oder nicht. Also fragte ich Marshall, wie ich darüber entscheiden sollte und woher ich wissen konnte, was meine Bedürfnisse erfüllen würde. Er lachte und sagte: *„Das kannst du nie wissen. Du tust ganz einfach das, was du tun* *willst oder wovon du dir vorstellst, dass es dich froh machen wird. Hinterher kannst du für dich einschätzen, ob es deine Bedürfnisse erfüllt hat oder nicht."*

Das war ein unschätzbar wertvoller Tipp. So kam ich nämlich in Verbindung mit der Freiheit, die darin liegt, zu akzeptieren, wie sich etwas anfühlt. Marshalls Worte haben mir seitdem viele Male geholfen. Er hat mich gelehrt, dass ich niemals berechnen kann, was das Leben in der Zukunft bereithält oder ob meine Bedürfnisse erfüllt werden. Aber ich kann lernen, zu fühlen, was ich will, und mich dann vom Mysterium des Lebens jeden Tag überraschen lassen und Neues lernen.

Leben bedeutet nicht, darauf zu warten, dass der Sturm vorüberzieht ... Es bedeutet zu lernen, im Regen zu tanzen.

(Vivian Greene)

Achtsam und auf aufmerksame Weise neugierig auf das zu sein, was in uns und rund um uns herum geschieht, liefert mehr Puzzleteile im Dankbarkeitspuzzle. Wenn wir bereit sind, eine „Sabbatzeit zu nehmen", wenn wir aufhören, uns die ganze Zeit darauf zu konzentrieren, Neues zustande zu bringen oder etwas zu leisten, wird unsere Dankbarkeit wachsen.

Ein weiteres Puzzleteil ist die Art von Akzeptanz, die uns über das Leben und dessen Gaben staunen lässt. Diese Fähigkeit drückt sich auf schönste Weise in den Worten aus, die mein Freund Lasse Lundberg (in Anlehnung an einen anderen Text) geschrieben hat.

Ich bin dankbar,
- wenn ich nach einem Fest aufräume – das bedeutet, dass ich Freunde habe;
- für die Steuern, die ich zahle – sie bedeuten, dass ich ein Einkommen habe;
- dass die Kleidung etwas eng sitzt – das bedeutet, dass ich Essen auf dem Tisch habe;
- dass der Rasen gemäht und das Haus gestrichen werden muss – das bedeutet, dass ich ein eigenes Zuhause habe;
- für den Schatten, der meine Arbeit bewacht – das bedeutet, dass ich draußen in der Sonne bin;
- für alle Klagen über Politiker – das bedeutet, dass ich in einem Land lebe, in dem die freie Meinungsäußerung wertgeschätzt wird;
- dass der Parkplatz weit weg ist – das bedeutet, dass ich mir ein Auto leisten kann;
- für meine hohe Stromrechnung – das bedeutet, dass ich es warm habe;
- für die Person neben mir, die so falsch singt – das bedeutet, dass ich hören kann;
- für den Wäscheberg auf dem Fußboden – das bedeutet, dass ich Kleider habe, um sie am Leib zu tragen;
- für die Müdigkeit und die schmerzenden Muskeln – das bedeutet, dass ich hart arbeiten kann;
- für den Wecker, der am Morgen klingelt – das bedeutet, dass ich einen weiteren Tag leben darf.

Lasse Lundberg

2. Sabbat

„When we live without listening to the timing of things, when we live and work in twenty-four-hour shifts without rest – we are on war time, mobilized for battle."

(Wayne Muller[12])

Wenn wir aktiv sind, werden wir als ambitioniert, fleißig oder sogar schlichtweg als normal angesehen. Nichts zu tun hat keinen großen Stellenwert oder gilt als faulenzen. Für viele von uns ist Erholung zu einem „notwendigen Übel" geworden – etwas, das wir tun „müssen", um leistungsfähig zu bleiben.

Bereits das Wort „faul" ist moralisch aufgeladen, da wir in unserer Kultur Aktivität und Leistung wertschätzen und sehr hoch bewerten. Jemanden faul zu nennen ruft beim Gegenüber häufig Rechtfertigungen hervor, weil es in den meisten Köpfen bedeutet, man mache etwas schlecht oder falsch. Umgekehrt haben die Worte aktiv oder ambitioniert (zumindest in den meisten Kontexten) eine positive Konnotation.

Möchten wir in Dankbarkeit leben, ist es wertvoll, Momente der Erholung, der Achtsamkeit und Kontemplation in unseren Alltag zu integrieren. In seinem Buch „Sabbath" bezeichnet Wayne Muller den Sabbat als einen „Zeitschutzraum" und argumentiert, dass wir einen heiligen Bereich in uns brauchen, in dem ein gewisser Rhythmus die innere Balance wiederherstellt. Einen heiligen inneren Raum, in dem wir innehalten und achtsam wahrnehmen können, was gerade geschieht und worum unser Leben sich dreht. Mir gefällt die Idee eines inneren Ortes, den wir aufsuchen können, um uns daran zu erinnern, was wichtig für uns ist und durch was wir uns lebendig fühlen. Es ist vielleicht kein Zufall, dass sich im Alten Testament das Gebot, einen Ruhetag zu nehmen, gleich neben Geboten wie „Du sollst nicht töten" findet.

In unserem modernen Alltag haben viele von uns die Balance zwischen Ruhe und Aktivität verloren. Wir hetzen umher und versuchen so viel zu schaffen wie nur irgend möglich.

In der Natur aber gibt es einen zugrunde liegenden Rhythmus, den viele von uns offenbar vergessen haben. Da folgt Ruhe auf Aktivität, Winter auf Sommer, Tod auf Geburt, Ebbe auf Flut und Nacht auf den Tag. Auf die gleiche, kreisende Weise bewegt sich die Natur in uns, in unserem Körper und in unseren Interaktionen. Nach jedem Herzschlag folgt ein kurzer Moment der Ruhe, auf jeden Atemzug ein stiller Augenblick. Die Natur strebt nach Ruhe und Aktivität in Balance, nach einem ewigen Strom.

Im Nachhinein fiel mir auf, dass ich in Zeiten, in denen ich ohne innezuhalten sehr aktiv war, vieles als selbstverständlich hingenommen habe. Ein Teil der Motivation, dieses Buch zu schreiben, resultierte aus der Beobachtung, wie leicht ich in das Muster verfiel, einfach drauflos zu hetzen, nicht innezuhalten und nicht dankbar für das Vorhandene zu sein. Vielleicht erkennen Sie sich in der Vorstellung wieder, dass Dinge immer etwas perfekter, etwas besser werden können, wenn Sie noch etwas mehr tun, sich noch etwas mehr anstrengen. Wir haben Gottes Schöpferrolle übernommen (vielleicht aus Angst, das Göttliche ganz zu verlieren und damit auch die Zuversicht und Akzeptanz, dass alles gut ist, so wie es ist). Wir glauben vielleicht, das Schöne und der Spaß seien noch da, wenn wir endlich die Zeit dafür finden. Aber Menschen – auch Kinder – werden mit jedem Tag, der vergeht, einen Tag älter, und dieser Tag kommt nie wieder. Ich habe mehr und mehr begonnen, dies zu akzeptieren, statt mich deswegen zu stressen. Diese Haltung unterstützt mich dabei, meinen Fokus auf die Dinge zu richten, denen ich in meinem Leben Raum geben möchte.

Aktiv zu sein ist in vielerlei Hinsicht schön und sinnstiftend und natürlich an sich kein Problem. Besorgniserregend ist es, wenn wir die Richtung und den Überblick verlieren, wenn auf Aktivität nicht Ruhe folgt. Wie in einem Auto, das die Autobahn entlangrast, verlieren wir die Aufmerksamkeit für das, was um uns herum passiert, und entwickeln einen Tunnelblick. Wir haben vergessen, warum wir überhaupt fahren und wohin wir unterwegs sind. Wenn wir so rasen, verpassen wir leicht Augenblicke der Stille und des Friedens, die uns Klarheit darüber schenken können, was uns in unserem Leben wichtig ist. Wir riskieren es, Liebe zu verpassen, die uns Kraft und Zugehörigkeit geben kann. Wir verpassen womöglich das Spielerische und die kleinen Zeiträume im Leben, in denen wir ohne jegliche Anstrengung Sinn und Energie als Vorrat für die Zukunft tanken können.

Es macht den Eindruck, als seien wir durch den Glauben vergiftet, unser Leben erhalte Sinn dadurch, dass wir die ganze Zeit etwas TUN. Aber der Rhythmus zwischen Ruhe und Aktivität ist naturgegeben und ruft sich selbst immer wieder in Erinnerung. Nehmen wir keine Rücksicht auf diese natürliche Kraft, wird sie ihre eigenen Wege finden; manchmal auf tragische Weise, indem wir einen Burnout erleiden oder auf andere Weise erkranken und so dazu gezwungen werden, uns auszuruhen. Das Leben strebt nach Ruhe und Aktivität in einem sich ständig abwechselnden Strom.

Wie fantastisch ist es also, dass der Zeitschutzraum immer einen Ort für uns bereithält – er ist rund um die Uhr für uns zugänglich. Wann immer wir wollen, können wir uns entscheiden, dort Zeit zu verbringen. Es ist nicht schwierig oder kompliziert. Wir müssen nichts dafür tun, um uns dort ein Aufenthaltsrecht zu verdienen. Wir müssen nur innehalten und der Zeitschutzraum steht uns sofort offen. Ich möchte alle dazu einladen, diese fantastische Möglichkeit zu genießen.

Es inspiriert mich, wie Michael Lerner, Rabbi und Autor, den Sabbat beschreibt[13]. Er ist der Ansicht, jeder könne davon profitieren, den Sabbat als wiederkehrendes Ritual zu nutzen. Ob man sich als religiös versteht oder nicht, spielt dabei keine Rolle, denn Lerner meint damit keinen speziell umrissenen Ritus oder festgelegte Regeln, die es zu befolgen gilt. Er versteht den Sabbat eher als eine Haltung oder eine Verhaltensweise.

Es ist prinzipiell egal, welchen Wochentag Sie wählen, aber am leichtesten ist es, den Sabbat am gleichen Tag zu halten, an dem die Menschen in Ihrer Umgebung sich ebenfalls ausruhen oder frei haben. Es ist schlicht ein Tag, an dem wir aktiv den Fokus von dem abwenden, was uns bekümmert, was wir noch in Ordnung bringen oder bewerkstelligen wollen, und an dem wir uns stattdessen auf das konzentrieren, wofür wir dankbar sind.

Während des Sabbats liegt die Aufmerksamkeit auf dem, was funktioniert, dem, was geschaffen wurde und woran wir teilhaben durften. Meinem Verständnis nach besteht der innerste Kern des Sabbats darin, sich Zeit zu nehmen, um sich über das Vorhandene zu freuen. Ein Zeitfenster, währenddessen wir die Schöpfung nicht verändern oder verbessern wollen, sondern ihre Gaben genießen. Wenn Sie so möchten: Gottes Gaben.

Für mich war es sehr stimulierend, folgende Liste von Regeln für den traditionellen jüdischen Sabbat zu lesen. Nach einer Zeit der Eingewöhnung können sie eher als befreiende denn als einschränkende Regeln erlebt werden. Obwohl sie modernisiert sind, spiegeln sie die gesammelte Weisheit der Menschen wider, die den Sabbat während der vergangenen dreitausend Jahre praktiziert haben. Die Liste gab mir neue Inspiration, wie ich „einen Ruhetag heiligen"[14] kann.

- Konzentrieren Sie sich auf das Genussvolle, auf leckeres Essen, guten Sex, Gesang, Tanz, Spaziergänge, Spiel, Scherze und Lachen. Sehen Sie die Größe der Schöp fung, lesen Sie geistliche Texte, hören Sie auf Ihre innere Stimme oder tun Sie das, was gut und schön ist – all dies gehört zum Programm des Sabbats dazu.
- Verwenden Sie kein Geld, berühren Sie es nicht einmal.
- Arbeiten Sie nicht und denken Sie auch nicht an die Arbeit.
- Vermeiden Sie jegliche Form von Haushaltsarbeit, wie Essen zubereiten, aufräumen, nähen oder bügeln.
- Schreiben Sie nicht, nutzen Sie keinen Computer, kein Telefon, kein Handy oder sonstige elektronische Hilfsmittel.
- Machen Sie kein Feuer. Entzünden Sie nicht einmal eine Kerze, machen Sie kein Licht.[15]
- Bessern Sie nichts aus und reißen Sie auch nichts auseinander. Lassen Sie die Welt, wie sie ist.
- Organisieren Sie nichts, ordnen Sie nichts und machen Sie auch keine Besorgungen. Legen Sie alle Listen beiseite.

Was Sie während Ihres Sabbats tun, spielt eine Rolle, aber am wichtigsten ist, mit welcher Intention Sie es tun. Wenn Sie beispielsweise trainieren, um Ihre sportlichen Leistungen zu verbessern, möchten Sie an diesem Tag vielleicht überhaupt nicht trainieren. Aber wenn es Ihr Anliegen ist, sich mit Ihrem Körper zu verbinden und Stress abzubauen, ist Sport an diesem Tag vermutlich genau das Richtige für Sie. Wenn Sie malen, weil Sie es genießen, gibt dies Ihrem Sabbat Qualität. Aber falls Sie in sich den Vorsatz entdecken, beim Malen etwas zu leisten, sollten Sie es an diesem Tag besser unterlassen.[16]

Selbst wenn wir uns keine Zeit nehmen, um auszuruhen, einen „Sabbat" gibt es immer: den Schlaf. „Heil dem Mann, der den Schlaf erfand", schrieb Cervantes. Im Schlaf laden wir unsere Batterien für einen neuen Tag auf. Wayne Muller beschreibt in seinem Buch „How Then, Shall We Live", wie er morgens dafür dankt, dass er aufwachen darf und Gott in ihn zurückgekehrt ist.[17]

Fakt ist, dass wir frische Kraft tanken, wenn wir schlafen, und dass wir diese Energie während unserer Dankbarkeitsmomente am nächsten Tag freisetzen können. Unser Körper hat die Batterien aufgeladen und wir erhalten die Möglichkeit, diese Kraft während des Tages zu nutzen, um unser eigenes und das Leben anderer zu „vergolden".[18]

3. Wertschätzung, die ihr Ziel erreicht

3.1 Die Intention

Mit welcher Intention wir jemanden wertschätzen, hat Einfluss auf die Wirkung der Wertschätzung. Es macht einen Unterschied, ob wir Wertschätzung ausdrücken, um zu feiern, was wir bekommen haben, oder um jemanden zu loben oder anzuerkennen. Äußern wir Wertschätzung, um zu feiern, riskieren wir kaum, dass sie als Manipulation oder Schmeichelei verstanden wird.

Äußern wir Wertschätzung, weil wir stolz und froh sind, dass jemandem etwas gelungen ist, dann ist es fast egal, welche Worte wir verwenden – unsere Wertschätzung wird ankommen.

Vermutlich haben wir alle schon einmal Wertschätzung erfahren, die uns besonders viel bedeutet hat. Gleichzeitig können wir alle aus Erfahrung nachvollziehen, welchen „Qualitätsunterschied" es zwischen verschiedenen Formen der Wertschätzung gibt. Es ist schwierig, Freude und Kraft aus Wertschätzung zu ziehen, die mit einer Erwartungshaltung vermischt ist, oder wenn jemand uns mittels anerkennender Worte dazu bringen möchte, etwas zu tun, das wir eigentlich nicht mochten. Vielleicht haben wir von unseren Eltern und Lehrern noch Sätze wie diese im Ohr:
„Du bist so gut darin, du kannst bestimmt noch etwas mehr tun."
Oder:
„Da du so fleißig bist, gehe ich davon aus, dass du im heutigen Test eine Eins schreibst."

Aber vielleicht waren damit gar keine besonderen Erwartungen oder Manipulationsversuche verbunden. Womöglich versuchten unsere Eltern und Lehrer nur, ihr Bestes zu tun, und verwendeten dazu die Wörter, die ihnen zur Verfügung standen. Vielleicht haben wir selbst diese Sätze interpretiert und meinten, eine Intention herauszuhören, weil wir schlicht und einfach vergessen haben, zu hören, worüber sich unser Gegenüber freute. Sind wir unsicher, können wir jenseits der Worte zuhören und in einem vermeintlich grauen Stein den verborgenen Diamanten entdecken. Versuchen Sie es mit den Sätzen von oben:
„Du bist so gut darin, du kannst bestimmt noch etwas mehr tun."

Sie könnten so reagieren:
„Hoffst du, dass diese Aufgabe endlich erledigt wird, weil du gesehen hast, wie schnell ich solche Sachen erledige? Und erleichtert dich dieser Gedanke?"

Und wenn Ihr Gegenüber mit Ja antwortet, können Sie sich immer noch entscheiden, ob Sie sich dazu bereit erklären oder ablehnen möchten. Sie haben die Freiheit, zu wählen, ob Sie die Worte des anderen als Erwartung auffassen möchten, als Forderung, Wunsch oder als Sehnsucht danach, dass etwas geschieht. Auf die gleiche Weise können Sie auf Gefühle und Bedürfnisse der Person lauschen, die den folgenden Satz äußert:
„Da du so fleißig bist, gehe ich davon aus, dass du im heutigen Test eine Eins schreibst."

Und Sie könnten antworten:
„Das klingt, als seist du voller Hoffnung, heute noch einmal stolz sein zu können. Weil du Vertrauen in meine Fähigkeit hast, mit Mathe klarzukommen?"

Oder wenn wir glauben, dass ein unerfülltes Bedürfnis ausgedrückt wird:
„Ist es so, dass du dich beunruhigt fühlst, wenn du daran denkst, wie wenig ich für den Test gelernt habe? Und dass du eine Verbindung zu mir herstellen möchtest, um herauszufinden, was ich glaube, wie es laufen wird?"

Bei Äußerungen wie „Gut gemacht", kurz darauf gefolgt von der Frage „Kannst du heute Abend länger arbeiten?", kann man stutzig werden. Besonders wenn der Chef sich bereits zum dritten Mal in einer Woche lobend über unseren Arbeitseinsatz äußert. Die Art, wie ein Lob geäußert wird und ob es mit dem Wunsch einhergeht, man möge mehr tun, lässt uns leicht glauben, die Wertschätzung sei nicht wertvoll oder echt. Aber so schütten wir das Kind mit dem Bade aus.

Da viele von uns derartige Erfahrungen im Gepäck haben, werden wir leicht misstrauisch oder skeptisch, wenn jemand Wertschätzung ausdrückt, selbst wenn diese Person es zum ersten Mal tut. Wertschätzung kann man nicht ganz für voll nehmen; das haben wir gelernt. Und nun warten wir auf den Haken an der Sache. Selbst wenn der andere gar nicht die Intention hat, uns zu etwas zu bewegen, hören wir dennoch eine Forderung hinter dem Lob, und dies kann dazu beitragen, dass wir das Gesagte nicht annehmen.

Eine andere weitverbreitete Ursache dafür, dass wir Wertschätzung nicht annehmen, ist die: Es ist uns peinlich, in diesem Moment so sichtbar und verletzlich zu sein. Wir möchten nicht auffallen, als glaubten wir, „wir seien wer", und so wischen wir die Worte unseres Gegenübers mit einem „Ach, lass doch" einfach fort.

Anderen zu helfen, ihre Wertschätzung „hochoktaniger" (dies wird im nächsten Abschnitt beschrieben) zu äußern, kann unser Herz öffnen. Aber vergessen Sie nicht: Wie Sie eine Wertschätzung auffassen, wird immer beeinflussen, was sie Ihnen gibt.

3.2 „Hochoktanige Wertschätzung“

„Viele verstehen es, zu schmeicheln, aber wenige wissen, wie man wertschätzt.“

(Griechisches Sprichwort)

Wertschätzung kann elektrisierend sein, wenn sie Menschen dazu bringt, ihre eigene Kraft zu erkennen und ihr eigenes Leben und das anderer auf kaum mehr für möglich gehaltene Weise zu bereichern. Aber sie kann auch ernüchternd sein, als Schmeichelei verstanden werden oder völlig unbemerkt bleiben.

Es besteht ein großer Unterschied zwischen anerkennendem Lob und echter Wertschätzung. Sich aufrichtig wertschätzend zu äußern hat nichts damit zu tun, den anderen manipulieren zu wollen, damit er sich mit etwas einverstanden erklärt, oder ihn aufmuntern zu wollen, damit er sich selbst okay findet.

Wenn wir unsere Wertschätzung ausdrücken, indem wir klarmachen, inwiefern der andere dazu beigetragen hat, dass sich etwas für uns zum Guten gewendet hat, verleiht dies unserem Gegenüber Energie, bereitet ihm Freude und motiviert. Egal ob sich die Wertschätzung an uns selbst oder jemand anderen richtet, der Vorgang lässt sich mit einer Fahrt zur Tankstelle vergleichen: Wir wollen den richtigen Kraftstoff für unser Fahrzeug tanken, der ihm das Maximum an Energie gibt und gleichzeitig möglichst wenig giftige Abgase freisetzt.

Wenn wir jemandem helfen möchten, „seinen Tank zu füllen“, machen wir uns im ersten Schritt bewusst, warum wir Wertschätzung ausdrücken möchten. Um etwas Gutes zu feiern? In diesem Fall werden wir selbst ebenfalls von Energie erfüllt. Oder etwa um jemanden aufzumuntern, sein Selbstvertrauen zu steigern, ihn zu loben oder anzuerkennen? In diesem Fall hält die Wertschätzung wahrscheinlich überhaupt keine Energie bereit, weder für uns noch für den anderen.

Wir können die Intention mit der Einladung zu einem Fest vergleichen: Indem wir Wertschätzung äußern, machen wir den anderen auf das Fest in unserem Inneren aufmerksam, zu dem er durch sein Handeln beigetragen hat.

Äußern Sie Wertschätzung, wenn

- Sie ehrlich dankbar für das Handeln des anderen sind.
- Sie Freude und Dankbarkeit erleben und möchten, dass der andere an Ihrer Freude teilhat.
- Sie bereit sind, zu erzählen, was der andere getan hat und welchen Einfluss dieses Tun auf Ihre Gefühle und Bedürfnisse hatte.

Drücken Sie keine Wertschätzung aus, um

- zu trösten oder aufzumuntern.
- zu versuchen, das Selbstvertrauen des anderen zu verbessern.
- jemanden dazu zu bringen, härter zu arbeiten.

Und auch nicht,

- um jemandem ein schlechtes Gewissen zu machen, weil er selbst keine Wertschätzung ausdrückt.
- um zu zeigen, dass sie eine großzügige Person sind, die andere Menschen wahrnimmt.

Sind wir uns über unsere zugrunde liegenden Intentionen im Klaren und handelt es sich um ein echtes Bedürfnis, Wertschätzung zu vermitteln, können wir unseren Fokus verschieben – von dem, was wir als „gut“ oder „richtig“ beurteilen, hin zu dem, was wir schätzen und wovon wir träumen. Wenn wir sagen, auf welche Weise jemand zu etwas beigetragen hat, das wir schätzen, benötigen, wonach wir uns sehnen oder wovon wir träumen, wird dies dem anderen mehr Energie geben, als wenn wir ihn als fleißigen, netten oder guten Menschen beurteilen. Hier einige Tipps, wie dies vonstattengehen kann.

ÜBUNG

Fünf Schritte, um „hochoktanige“ Wertschätzung entstehen zu lassen

1. Werden Sie sich bewusst, *warum* Sie Ihre Wertschätzung äußern möchten. Fragen Sie sich, ob Sie damit noch einen anderen Zweck verfolgen, als Freude und Dankbarkeit zu vermitteln oder den anderen wissen zu lassen, in welcher Weise sie oder er Sie beeinflusst hat.
2. Übersetzen Sie Interpretationen – also Aussagen, wie jemand „ist“ oder was Sie von seinen Taten oder Äußerungen halten – in klare Beobachtungen: Was haben Sie den anderen tun sehen oder sagen hören?

3. Fassen Sie in Worte, welche Ihrer Bedürfnisse durch die Hilfe der anderen Person erfüllt wurden und wie Sie sich dadurch fühlen. Erlauben Sie sich, klar und deutlich zu erzählen, inwiefern sie oder er Ihr Inneres berührt hat. Tun Sie es auf eine Weise, von der Sie glauben, dass sie es dem Gegenüber leicht macht, Ihre Wertschätzung anzunehmen. Sie wollen vermitteln, wie das Verhalten der anderen Person Ihre Träume genährt oder Sie unterstützt hat beziehungsweise welche Entscheidungen die Person getroffen hat, die in Einklang mit Ihren Werten und Bedürfnissen sind.
4. Sollten Sie sich nicht gehört fühlen, binden Sie den anderen aktiv ein. Das bedeutet: Bitten Sie ihn wiederzugeben, was er Sie darüber hat sagen hören, inwiefern er einen Beitrag für Sie geleistet hat. Wenn Sie mit der Antwort nicht zufrieden sind, wiederholen Sie Schritt 1–3, aber wählen Sie andere Worte, die Ihr Gegenüber vielleicht leichter annehmen kann. Oder:
5. Lauschen Sie darauf, was Ihr Gegenüber daran hindern könnte, Sie zu hören. Äußern Sie Ihre Vermutungen darüber, was der andere fühlt und benötigt – und zeigen Sie ihm damit, dass Sie verstehen möchten, welche Gefühle Ihre Worte wecken. Gehen Sie dann wieder zu Punkt 1–3 zurück.

Hochoktanige Wertschätzung wirkt wie ein Gegengift gegen Passivität und Resignation. Ich behaupte, dass Passivität und Resignation keine natürlichen Zustände, sondern kulturell erlernt sind (sehen Sie sich nur das lebhafte Spiel eines Dreijährigen an). Wir haben gelernt, uns nicht zu kümmern und uns nicht einzumischen, weil es ohnehin keinen Unterschied macht. Aber das ist ein Missverständnis, wir haben nur vergessen, wie unwahrscheinlich kraftvoll wir sind und welche Möglichkeiten uns tatsächlich zur Verfügung stehen, beständig auf unser eigenes Leben und das anderer einzuwirken.

Wollen wir uns selbst und andere aus der Passivität wecken, ist es wertvoll, unterscheiden zu können zwischen wertschätzendem Lob und einer Wertschätzung, die darauf basiert, die Handlungen des anderen zu feiern. Lob kann zu erhöhter Passivität beitragen, da Menschen infolgedessen vielleicht Dinge tun, um wieder gelobt zu werden. Bleibt das Lob aus, schwindet auch die Motivation. Die Menschen sind dann von einem äußeren Antrieb abhängig geworden und wenn sie nicht gelobt werden, zweifeln sie an sich selbst.

Viele Eltern, Lehrer und Psychologen haben es sich zur Aufgabe gemacht, das Selbstvertrauen anderer aufzubauen. Sie haben verinnerlicht, dass sie es stärken können, indem sie dem anderen sagen, wie fleißig, gut, begabt und liebenswert er ist. Aber anerkennendes Lob führt selten oder nie zu „gesundem Selbstvertrauen". Häufiger führt es zu einer Abhängigkeit vom Wohlwollen des Umfelds, damit man sich okay fühlt. Natürlich loben diese Menschen aus dem Wunsch heraus, einen Beitrag zu leisten. Dass wahrhaft kraftspendende Wertschätzung auf etwas anderem als Anerkennung, Komplimenten oder Lob beruhen muss, entgeht ihnen dabei.

Einen Beitrag zum eigenen Leben und dem der Mitmenschen zu leisten ist eines der stärksten menschlichen Bedürfnisse. Es erfüllt uns mit Sinn, zu spüren, dass wir bedeutsam sind, und zu sehen, dass die Dinge, für die wir uns ins Zeug gelegt haben, wachsen und gedeihen. Daher gibt es uns Energie zu erfahren, inwiefern unser Tun einen Beitrag geleistet hat. Das können ein paar Worte sein, das kann ein Lächeln oder eine Handlung sein. Auch ein anvisiertes Ziel, das erreicht wurde, kann als Feedback zu unserem Beitrag fungieren.

Wir haben kein Bedürfnis zu hören, dass wir etwas taugen oder fleißig sind, aber wir alle haben das Bedürfnis, gesehen und gehört zu werden. Damit Letzteres erfüllt wird, bedarf es keiner speziellen Person, selbst wenn wir vielleicht den starken Wunsch hegen, eine Bestätigung von einer bestimmten Person zu erfahren. Wertschätzung ist also kein Bedürfnis – was wir brauchen, ist die Rückmeldung und Klarheit darüber, inwiefern unser Tun einen Beitrag geleistet hat. Zu erfahren, was nicht funktionierte, welche Aspekte unseres Handelns keine Bedürfnisse befriedigten, kann ebenfalls Kraft zur Veränderung geben, solange wir daraus nicht den Schluss ziehen, etwas an uns sei falsch.

3.3 Unterscheiden Sie zwischen Beobachtungen und Interpretationen

Wir wissen nun also, wie wir durch Wertschätzung dazu beitragen können, anderen mehr Energie zu schenken. Lassen Sie uns nun einen Blick darauf werfen, wie wir durch Zuhören aus niedrigoktaniger Wertschätzung hochoktanige machen können.

Wenn in der Vorschule meines Sohnes ein Kind Geburtstag hatte, schrieben die anderen Kinder mit der Hilfe des Vorschullehrers wertschätzende Sätze über das Geburtstagskind. Als mein Sohn fünf wurde, bekam er eine Geburtstagskarte, auf der Sachen standen wie:

„Du bist nett", „Er ist ein guter Kumpel", „Du bist so lustig, weil du so coole Sachen machst, wenn wir Superman spielen" und „Du rennst so schnell".

Als wir nach Hause kamen, bat er mich, die Karte laut vorzulesen. Danach war er für eine Weile still. Schließlich sagte er:
„Nett und guter Kumpel steht auf allen Karten, das gilt also nicht."
„Ach so", sagte ich, „aber steht denn etwas auf dieser Karte, das für dich gilt?"
„Ja, dass ich coole Sachen mache, wenn wir Superman spielen, und dass ich schnell renne, da geht es um mich."

Er hatte den Unterschied zwischen Beobachtungen und Interpretationen verstanden. Diese Unterscheidung treffen zu können ist wichtig, um mit wertschätzenden Äußerungen unser Gegenüber zu erreichen. Unter Beobachtungen verstehe ich etwas, das wir messen können, etwas, das wir sehen oder hören und was von unseren Sinnen aufgenommen wird. Mit Interpretationen meine ich, was wir über das Tun des anderen denken und welche Intention wir dahinter vermuten.

Hinter Interpretationen können sich unterschiedlichste Beobachtungen verbergen. Dass der andere versteht, was er oder sie für uns getan hat, wenn wir nur sagen, er oder sie sei „nett", ist nicht selbstverständlich.

Wenn ich die gleiche Wertschätzung etwas spezifischer formuliere und mich darauf beziehe, was der andere exakt getan hat, ist sie für ihn viel leichter zu verstehen:
„Weil ich dich so oft fragen höre, auf welche Weise ich etwas tun möchte, fühle ich mich sicher, Dinge mit dir gemeinsam umzusetzen."

In einer anderen Situation könnten die Worte „Du bist so nett" auch ironisch gemeint sein und bedeuten, dass man gereizt ist und will, dass der andere eigene Entscheidungen trifft, statt ständig seine Mitmenschen zu fragen, was sie wollen.

In welcher Form wir uns äußern, kann einen großen Unterschied machen, wie im Beispiel mit der Geburtstagskarte, wo es meinem Sohn viel leichter fiel, die Wertschätzung zu hören, die auf Beobachtungen gründete. Es besteht jedoch auch das Risiko, bei der Frage der Form stecken zu bleiben, und dann erreicht unsere eigentliche Intention den anderen möglicherweise ebenfalls nicht.

> Ein Freund von mir wollte gegenüber seiner Freundin keine statischen Zuschreibungen verwenden, also vermied er es, sie als wunderbar, fantastisch oder schön zu bezeichnen. Er wollte seine Wertschätzung und seine Gefühle mitteilen, aber er verzichtete darauf, weil er keine Worte fand, die er benutzen wollte. Seine Freundin äußerte ihre Enttäuschung und Frustration und war sogar drauf und dran, die Beziehung zu beenden, da er sie nicht zu schätzen schien. Schließlich verstand er, dass sie lieber statische Bezeichnungen hören wollte als gar nichts, um wenigstens irgendwie in Kontakt mit seiner Wertschätzung zu kommen.

Dankbarkeit nimmt unterschiedlichste Gestalten an und wird nicht nur durch Worte vermittelt. Auch wenn Worte oft schöne Begleiter zu einem Strauß Blumen, einer Umarmung oder einem warmen Blick sind.

> Der Japaner, der zu Besuch in Schweden war, zeigte seine Wertschätzung, indem er vernehmlich seine Suppe schlürfte, und alle am Tisch waren fassungslos und angeekelt.
>
> Der Schwede, der Japan besuchte, zeigte seine Wertschätzung, indem er seine Suppe laut schlürfte, und alle lächelten zufrieden.

Im zweiten Fall herrschte Friede, Freude, Eierkuchen und der Gastgeber war zufrieden, da Schlürfen in seiner Kultur als Ausdruck von Wertschätzung gilt. Wie man Dankbarkeit zeigt, kann von Kultur zu Kultur und von Person zu Person variieren und sollte gegebenenfalls angepasst werden, um Kontakt herzustellen. Aber die Intention bleibt immer zu feiern, egal bei welcher Ausdrucksform.

ÜBUNG

Fünf Schritte, um die „Oktanzahl" erhaltener Wertschätzung zu erhöhen

1. Denken Sie daran, dass sich hinter allen Interpretationen Beobachtungen verbergen. Fragen Sie nach oder stellen Sie im Stillen eine Vermutung an, was Sie getan haben könnten, was die andere Person als „gut" oder „klug" bewertet.
2. Erinnern Sie sich daran, dass sich hinter allen Interpretationen Gefühle finden. Denken Sie nach, welche Gefühle dies sein könnten, und stellen Sie eine Verbindung her – so kann Ihr Verständnis dafür wachsen, was der andere wertschätzt. Die Wertschätzung wird dann zu einer Art Quittung für den Beitrag, den Sie geleistet haben.

3. Wenn Sie mögen, können Sie überprüfen, ob Sie die Beobachtung, auf die sich der andere bezieht, richtig verstanden haben, indem Sie fragen: „War das, als ich sagte, dass ...“ oder „War das als ich ... tat?“
4. Sie können auch gezielt nachfragen, ob der andere tatsächlich fühlt, was Sie vermuten, und ob Ihre Annahme darüber, welchen Beitrag Sie geleistet haben, stimmt. Vergessen Sie nicht: Ihr Gegenüber möchte, dass Sie seine Wertschätzung verstehen. Zeigen Sie, dass Sie sich um Verständnis bemühen, hilft dies dem anderen, sich gehört, gesehen und verstanden zu fühlen. So kann sich die Freude darüber, einen Beitrag geleistet zu haben, noch steigern und ein Gefühl von Sinnhaftigkeit und Gemeinschaft hervorrufen.
5. Nehmen Sie sich Zeit herauszufinden, wie Ihr Tun oder Ihre Äußerung das Leben des anderen beeinflusst hat. Machen Sie sich ganz deutlich, was er oder sie dank Ihres Beitrags erlebt hat, und notieren Sie, wie sich dies für Sie anfühlt. Erzählen Sie auch gern dem anderen davon.

3.4 Kommunikation, die zu vertiefter Dankbarkeit beiträgt

„Mitgefühl ist der menschliche Ausdruck von Überfluss. Mein Ich ist angefüllt mit einem Gefühl, das groß genug ist, um die Grenzen des Ich zu sprengen.“[19]

(Hildegard von Bingen)

Als ich in Kontakt mit der Gewaltfreien Kommunikation (GFK) kam, interessierte ich mich als Erstes für die Unterscheidung zwischen Wertschätzung und Lob sowie zwischen Komplimenten und Anerkennung. Mich faszinierte, wie unsere Sprache die menschliche Fähigkeit, zum eigenen Leben und dem anderer beizutragen, sowohl stimulieren als auch behindern kann. Überraschend war auch, welchen Einfluss unsere Art zu denken und zu kommunizieren auf unser Mitgefühl hat. Ich genoss es, praktische Handreichungen zu erhalten, um tiefe Freude zu empfinden und eine Einstellung von Dankbarkeit in meinem Leben zu etablieren.

Eine lange Zeit erforschte ich folgende Idee: *Wenn unsere Bedürfnisse erfüllt sind, ist Dankbarkeit eine natürliche Reaktion.* Wieder und wieder erlebte ich, dass Wertschätzung die uns innewohnende Kraft belebt, anderen bei der Erfüllung ihrer menschlichen Bedürfnisse zu helfen. Hatte ich mich zuvor öfter damit begnügt, dass etwas „zu wunderbar ist, um es in Worte zu fassen“, fand ich nun Worte für meine Gefühle. Es war wahnsinnig schön, die erfüllten Bedürfnisse tiefer zu verstehen und – mithilfe von Beobachtungen – möglichst präzise beschreiben zu können, was zu ihrer Erfüllung beigetragen hatte. Dies verstärkte meine Freude und intensivierte auch meinen Kontakt zu anderen Menschen, da ich sie nun einladen konnte, meine Erlebnisse auf eine ganz andere Art zu teilen. Ich fand Worte, um Menschen in meinem Umfeld zu zeigen, dass das, was sie sagten oder taten, eine Rolle für mich spielte.

Eine solche Qualität im zwischenmenschlichen Kontakt herzustellen ist das Ziel der GFK. Dazu gehört auch, den Wunsch, möglichst die Bedürfnisse aller zu erfüllen, zum Leben zu erwecken. Dazu bedarf es einer Haltung, durch die die Bedürfnisse aller wertgeschätzt werden. Gegenseitiger Respekt und Freiwilligkeit sind zentrale Begriffe, da beide unabdingbar sind, wenn wir ein funktionierendes Miteinander anstreben und Konflikte effektiv handhaben wollen.[20]

Marshall Rosenberg, der Begründer der GFK, wollte verstehen, warum manche Menschen unter Druck mit Gewalt reagieren, während andere sich in der gleichen Lage mitfühlend verhalten. Er fand heraus, dass hier sowohl unsere Art zu denken als auch unsere Art zu kommunizieren ganz wesentlich sind. In der GFK geht es in erster Linie darum, für welche Lebensweise wir uns entscheiden und wie wir uns zum Leben, zu uns selbst und zu anderen Menschen verhalten. Dies lässt sich in drei Punkten zusammenfassen.

1. Eine Verbindung zwischen Menschen kommt leichter zustande, wenn wir davon ausgehen, dass alles, was Menschen tun, aus der Absicht heraus geschieht, unsere universellen Bedürfnisse zu erfüllen.
2. Es ist leichter, sich mit anderen Menschen zu verbinden, wenn wir annehmen, dass sie freiwillig einen Beitrag zu unserem Leben leisten wollen.
3. Wenn wir deutlich machen, welche Bedürfnisse wir feiern und welche Hilfe wir zu deren Erfüllung erhalten haben, ist es leichter für die anderen, unsere Wertschätzung anzunehmen.

3.5 Wertschätzung à la Gewaltfreie Kommunikation (GFK)

Um Wertschätzung im Sinne der GFK auszudrücken, unterscheiden wir drei Komponenten:

1. Handlungen, die zu unserem Wohlbefinden beitragen.
2. Welche/s unserer Bedürfnisse erfüllt wurde/n.
3. Die Gefühle, die es in uns hervorruft, dass unsere Bedürfnisse erfüllt wurden.

Die Reihenfolge kann variieren. Manchmal können alle drei Teile durch ein Lächeln oder ein einfaches Dankeschön vermittelt werden. Wollen wir sicher sein, dass die Wertschätzung entgegengenommen wird, empfiehlt es sich zu lernen, alle drei verbal auszudrücken.

Das folgende Beispiel stammt aus Marshall Rosenbergs Buch „Gewaltfreie Kommunikation. Eine Sprache des Lebens". Wir sehen, wie er sich darum bemüht, die Form von Wertschätzung zu bekommen, die einen Beitrag leistet.

Teilnehmerin (kommt am Ende eines Workshops auf mich zu): Marshall, du bist toll!

MBR: Mir gelingt es nicht, so viel von deiner Wertschätzung aufzunehmen, wie ich gerne aufnehmen würde.

Teilnehmerin: Warum, was meinst du?

MBR: Ich habe in meinem Leben schon unzählige „Komplimente" – positive wie negative – bekommen, aber ich kann mich nicht daran erinnern, dass ich durch die Einschätzung anderer wirklich einmal etwas erfahren hätte. Ich würde gerne durch deine Wertschätzung etwas erfahren und mich darüber freuen, aber dazu brauche ich mehr Informationen.

Teilnehmerin: Zum Beispiel?

MBR: Zuerst würde ich gerne erfahren, was ich gesagt oder getan habe, das dein Leben verschönert hat.

Teilnehmerin: Naja, du bist so intelligent.

MBR: Ich befürchte, dass du gerade ein weiteres Urteil über mich abgegeben hast, das aber immer noch die Frage offenlässt, was habe ich getan, das dein Leben verschönert hat? Die Teilnehmerin muss eine Weile nachdenken, aber dann zeigt sie auf ihre Notizen, die sie während des Workshops mitgeschrieben hat.

Teilnehmerin: „Schau, diese beiden Punkte. Es waren diese beiden Sachen, die du gesagt hast."

MBR: Aha, es sind also diese beiden Dinge, die ich gesagt habe: Das schätzt du sehr.

Teilnehmerin: Ja.

MBR: Als Nächstes möchte ich gerne wissen, wie du dich fühlst, weil ich die beiden Dinge gesagt habe.

Teilnehmerin: Hoffnungsvoll und erleichtert.

MBR: Und jetzt möchte ich gerne wissen, welche Bedürfnisse sich für dich dadurch erfüllt haben, dass ich die beiden Dinge gesagt habe.

TEILNEHMERIN: Ich habe einen achtzehnjährigen Sohn, mit dem ich nicht mehr kommunizieren kann. Ich hatte verzweifelt nach einer Richtung gesucht, die mir helfen könnte, liebevoller mit ihm umzugehen, und die beiden Dinge, die du gesagt hast, haben mir die Orientierung gegeben, nach der ich gesucht habe.“[21]

3.6 Wertschätzung annehmen

„Ich habe endlich verstanden, wie wichtig es ist, Wertschätzung ausdrücken zu können und zu erreichen, dass sie entgegengenommen wird. Und wenn es bei mir so ist, kann ich davon ausgehen, dass es auch anderen so geht. Wenn ich spüre, wie viel Freude es mir bereitet, mit meiner Wertschätzung angenommen zu werden, fällt es mir gleich viel leichter, selbst Wertschätzung von anderen anzunehmen."

(Elisabeth)

Marshall Rosenberg half mir zu verstehen, wie bedeutsam es ist, Wertschätzung anzunehmen. Während der Ausbildung machten wir eine Übung, in der man Wertschätzung gegenüber jemandem in der Gruppe ausdrücken sollte. Je länger die Übung dauerte, ohne dass jemand Wertschätzung mir gegenüber ausdrückte, desto stärker wuchs die Frustration in meinem Inneren. Mir kam die Idee, um Wertschätzung zu bitten, doch als ich schon drauf und dran war, den Mund zu öffnen, prasselte eine Kaskade von Argumenten in meinem Kopf nieder. Gedanken wie: „Ich habe für niemanden hier einen Beitrag geleistet, also verdiene ich keine Wertschätzung" wuchsen sich aus zu: „Ich bin nicht interessant genug" und bald sogar zu: „Niemand mag mich". Meine Hände wurden feucht, mein Puls raste und das Gedankenkarussell drehte sich schneller und schneller.

Schließlich war ich so gefangen in meinen eigenen Gedanken und dem Versuch, mich gegen mein physisches Unbehagen zu wehren, dass ich Marshall um Unterstützung dabei bat, mit der Situation umzugehen. Er antwortete mit einem schlichten Satz, der mir seitdem viele Male geholfen hat:
„Immer derjenige zu sein, der gibt, ist auch eine Art, andere zu dominieren."

Meine selbstkritischen Gedanken und das körperliche Unbehagen verschwanden auf der Stelle und wichen Tränen. Ich weinte und weinte und mir wurde bewusst, wie sehr ich es immer geschätzt hatte, selbstständig zu sein – auf Kosten eines verletzlichen Kontakts zu anderen Menschen. Dies wurde abgelöst von der Erinnerung, wie oft es mir einen Stich versetzt hatte, wenn meine Mutter meine Wertschätzung mit einem „Ach" weggewischt hatte. Sie trug so viel zu meinem Leben bei, aber gleichzeitig war es leicht zu glauben, dass ich keine Rolle für ihres spielte, denn sie brauchte nichts von mir. Der Schmerz wuchs, als ich verstand, wie oft ich die gleiche Verhaltensweise gewählt hatte und wie einsam mich das gemacht hatte: „Ich brauche keine Wertschätzung, ich weiß auch so, dass ich okay bin." Nun war ich bereit, um die Wertschätzung der anderen Gruppenmitglieder zu bitten, auch wenn ich mich dabei unglaublich verletzlich fühlte. Dabei half mir der Gedanke, dass aus dem Schoß der Verletzlichkeit Kreativität, Freude und Gemeinschaft geboren werden. Ich verstand: Um echten Kontakt herzustellen, musste ich bereit sein, mich verletzlich zu zeigen und gesehen zu werden.

Zum ersten Mal konnte ich wirklich und wahrhaftig annehmen, dass es bei Wertschätzung nicht darum geht, wie gut oder fleißig ich bin, sondern wie ich andere beeinflusst habe. Wertschätzung wurde die Einladung zu einer Feier der Dinge, zu denen ich beigetragen hatte. Die Einsicht, dass es weniger um mich ging, sondern darum, wie die anderen die Situation erlebt hatten, half mir zu entspannen. Als ich die Kraft der Wertschätzung erfasste – sie beweist, wie sehr wir alle miteinander verbunden sind, und zeigt uns, dass wir unsere Leben gegenseitig verschönern können –, weinte ich noch mehr, aber dieses Mal aus Erleichterung und aus einem intensiven Gefühl der Zusammengehörigkeit und des Sinns heraus. Das war ein bedeutender Wandel für mich. Bis zu diesem Moment hatte ich die Bitte um Wertschätzung häufig als ein Zeichen von Abhängigkeit interpretiert, ja sogar als Schwäche. Als ich den Unterschied zwischen „feiern" und „anerkennen" erkannte, öffnete sich ein dritter Weg. In mir entwickelte sich die Bereitschaft, um Wertschätzung zu bitten und das Gesagte anzunehmen, und so empfand ich ein stärkeres Gefühl von Gegenseitigkeit.

Darüber hinaus fällt es mir nun leichter, mit Situationen umzugehen, in denen niemand mir gegenüber Wertschätzung ausdrückt. Es ist mir wichtig zu hören, *wie* ich bei anderen etwas bewirkt habe, sodass ich in Verbindung mit ihnen kommen kann. Wenn andere sich hingegen zur Wertschätzung gezwungen fühlen und sich etwas ausdenken müssen, trägt das nicht zum Kontakt bei.

Diese Erfahrung war mir von Nutzen, als ich einige Jahre später selbst Ausbildungen leitete und eine Kursteilnehmerin weinend fragte:
„Was kann ich dagegen tun, mich wie eine Bettlerin zu fühlen, wenn ich um Wertschätzung bitte? Es fühlt sich an wie Fishing for Compliments."

Mit ein wenig Unterstützung gelang ihr ein Perspektivwechsel: Indem wir Wertschätzung hören, geben wir unseren Mitmenschen die Möglichkeit, ihr Bedürfnis zu erfüllen, zum Leben anderer beizutragen.

Stellen Sie sich eine Form von Wertschätzung vor, die Sie dazu bringt, vor Freude zu tanzen!

Von wem möchten Sie diese erhalten?

Was macht sie so wertvoll für Sie?

Worauf warten Sie? Warum nicht jetzt gleich darum bitten?

Ein weiterer „Trick", der mir hilft, Wertschätzung anzunehmen, ist folgender: Ich kann mich fragen, was ich selbst bekommen habe, das es mir ermöglicht hat, etwas zu tun, wofür ich nun Wertschätzung erhalte. Das erinnert mich daran, dass wir alle die Kraft besitzen, einen Unterschied zu machen.

Was hat es für Sie möglich gemacht, das zu geben, wofür Sie Wertschätzung erhalten haben?

3.7 Wenn Wertschätzung als Qual empfunden wird

Für diejenigen unter uns mit starken „inneren Kritikern" kann es zu einer Qual werden, Wertschätzung entgegenzunehmen. Im gleichen Maße, wie wir Wertschätzung erhalten, schreit unser innerer Kritiker: „Das hast du gar nicht verdient!", „Wenn sie wüsste, wie du wirklich bist". Oder der Kritiker wendet sich gegen das Außen: „Vertrau nicht auf das, was sie sagt, sie lügt, sie will dich nur manipulieren."

Vielleicht haben wir früher einmal auf etwas vertraut, was uns jemand gesagt hat, und sind verletzt worden. Vielleicht haben wir Anerkennung und Lob erhalten, die sich später zu Kritik und Forderungen wandelten.

Komplimente und Lob können zu dem Gedanken führen, andere hätten bestimmte Erwartungen. Wenn jemand sagt, Sie seien schlau, können Sie das in diesem Moment als schmeichelnd oder unterstützend wahrnehmen. Nach einigen Wochen kann das Wort schlau sich bedrohlich anfühlen, da Sie glauben, bald wieder etwas Schlaues in Gegenwart dieser Person sagen zu müssen. Überall tauchen plötzlich Beweise auf, dass Sie vielleicht doch nicht so schlau sind, und Sie spannen sich innerlich an, was selten dazu führt, dass man sonderlich intelligent wirkt. Nicht zuletzt deshalb ist es so wertvoll, jede Wertschätzung teils an Beobachtungen spezifischen Verhaltens, teils an erfüllte Bedürfnisse zu koppeln. Das können wir tun, wenn wir Wertschätzung ausdrücken, aber auch wenn wir von anderen Wertschätzung erfahren.

Sich überhaupt nicht darauf zu fokussieren, was jemand *ist,* sondern darauf, was jemand *tut* und welche Bedürfnisse dieses Tun erfüllt, minimiert das Risiko, Wertschätzung als etwas Statisches aufzufassen. Statt zu jemandem zu sagen: *Du bist immer so wahnsinnig nett und aufmerksam,* können wir sagen:
Als ich nach meiner Krankschreibung das erste Mal wieder zur Arbeit kam und auf meinem Tisch einen Strauß Blumen entdeckte, war ich so gerührt! Das half mir, mich bei meiner Rückkehr willkommen und sicher zu fühlen.

Viele Menschen haben gelernt, auf das Statische in Aussagen zu lauschen. Selbst wenn wir uns bemühen, unser Anliegen mit der sogenannten Prozesssprache auszudrücken, also zu beschreiben, wie unsere Bedürfnisse in einer bestimmten Situation erfüllt wurden, können die anderen es auffassen, als sprächen wir darüber, wie sie *sind.* Wir haben keine Macht darüber, wie jemand hört, was wir sagen, aber wir haben die Macht darüber, wie wir uns ausdrücken und mit welcher Intention wir etwas sagen.

Wenn ich in meinen Ausbildungen über diesen Aspekt spreche – sich nicht darauf fokussieren, was jemand *ist,* sondern erzählen, was jemand *getan* hat, um einen Beitrag für uns zu leisten –, gibt es meist einige Teilnehmer, die irritiert sind. Sie haben gelernt, wie wichtig es ist, gesehen zu werden, ohne dafür etwas leisten zu müssen, und hören meine Worte als Vorschlag, unsere Wertschätzung und Liebe nur dann zu äußern, wenn jemand etwas Bestimmtes getan hat. Ich nutze diese Gelegenheit, um zu zeigen, dass Wertschätzung – nur weil sie spezifisch ist – nicht notwendigerweise darauf basiert, dass der andere etwas geleistet hat.

Zur Verdeutlichung nenne ich einige Beispiele für diese Art von Wertschätzung.

Zu einem Kind:
Wenn ich dein Lächeln sehe und dein Lachen höre, spüre ich Wärme in mir und erlebe so viel Liebe, einfach weil es dich in meinem Leben gibt.

Zu einem Liebespartner:
Wenn ich aufwache und dein Körper an meinem das Erste ist, was ich spüre, werde ich unheimlich froh und glücklich, weil ich eine so starke Zusammengehörigkeit spüre, allein weil du da bist.

Zu einem Freund:
Auch wenn es mich schmerzt, dass du meinen Wunsch nach einem Treffen heute Abend abgelehnt hast, sollst du wissen, wie sehr ich es schätze, einen Freund zu haben, der nicht Ja sagt und Nein meint.

Warum ist es also für manche Menschen so schwer, Wertschätzung anzunehmen? Und was können wir tun, um mit unserer Dankbarkeit wirklich gehört zu werden, wenn der andere sich dagegen wehrt? Eine Freundin schrieb mir:
Ich fühle mich so frustriert, verzweifelt und traurig … Ich habe heute wieder versucht, meinem Liebsten Wertschätzung entgegenzubringen, aber ich erreiche ihn einfach nicht, er scheint meine Wertschätzung nie anzunehmen. Ich möchte wirklich, dass er versteht, wie sehr er mein Leben bereichert und wie wunderbar er es macht, ich möchte gern angenommen werden. Es ist so frustrierend!! Ich möchte verstehen, was uns im Weg steht, ich möchte eine Verbindung herstellen, aber ich weiß nicht wie.

Diese Freundin sah keine Anzeichen dafür, dass ihr Liebster die Dankbarkeit, die sie ihm gegenüber ausdrückte, annahm. Später sollten wir erfahren, dass er gelernt hatte, dass man sich nicht „aufspielen“ darf, dass man nicht glauben soll, „man sei jemand“. Jeder Versuch, den meine Freundin unternahm, sich ihm wertschätzend zu nähern, aktivierte in ihm diese innere Botschaft. Hinter seinen Gedanken verbarg sich eine schöne Intention – er wollte sichergehen, dass er menschlich blieb und dass er allen Menschen den gleichen Wert zusprach. Mit dieser Einstellung entging ihm jedoch, zu hören und wahrzunehmen, dass sie sich wünschte, er würde ihre Botschaft annehmen, wie viel er für sie bedeutete. So erhielt er auch keinen Zugang zu der Information, die ihn nähren sollte.

Es ist schmerzhaft, nicht gehört zu werden, egal ob wir ausdrücken, dass wir etwas schätzen oder dass wir etwas nicht schätzen. Wenn jemand unsere Wertschätzung nicht annimmt, gibt es verschiedene Strategien, die wir fahren können:

Wir können uns fragen, ob wir in unseren Beobachtungen klar waren. Haben wir wirklich nur mitgeteilt, was wir beobachtet haben, oder vielleicht doch irgendwelche Schlüsse, die wir aus dem Beobachteten ziehen? Haben wir exakt erzählt, was der andere gesagt oder getan hat und was es war, das für uns einen Unterschied gemacht hat? Meist ist es für die anderen am einfachsten, Wertschätzung anzunehmen, wenn wir ganz einfach erzählen, was wir sie haben tun sehen, oder wenn wir zitieren, was wir sie haben sagen hören.

Oder wir bemühen uns darum zu verstehen, welche Bedürfnisse hinter Gedanken wie „man soll sich nicht aufspielen" stehen. Ein solcher Gedanke kann aus dem Bedürfnis nach Akzeptanz oder Gemeinschaft resultieren oder vielleicht aus dem Bedürfnis, zu Balance und Gegenseitigkeit beizutragen.

Meine Freundin aus dem oben beschriebenen Beispiel versuchte auf folgende Weise, dem Zweifel ihres Liebsten zu begegnen:
„Ist es so, dass dir das, was ich sage, zu dick aufgetragen erscheint, und willst du darauf vertrauen können, dass das Gesagte tatsächlich damit übereinstimmt, wie die Dinge für mich sind?"

Er bejahte dies, also fuhr sie vorsichtig fort:
„Meinst du damit, dass du sicher sein möchtest, so gesehen zu werden, wie es der Realität entspricht, und nicht, weil du glaubst, du seist besser als jemand anders?"

Nachdem sie ihm auf diese Weise eine Zeit lang zugehört hatte, sagte sie:
„Ich fühle mich traurig, wenn du sagst, dass du keine Wertschätzung hören möchtest, weil ich in meiner Dankbarkeit gehört werden möchte, wie wichtig es für mich ist, dass es dich in meinem Leben gibt, wie wichtig mir alles ist, was wir teilen. – Wie fühlt es sich für dich an, das zu hören?"

Behutsam näherten sie sich einander an, bis sie sich gehört fühlte. Zu dem Zeitpunkt hatten beide ihren Tränen freien Lauf gelassen und hatten verstanden, dass sie oft auf eine Weise aneinander vorbeiredeten, die dazu führte, dass selbst Wertschätzung eine Distanz zwischen ihnen schaffte.

Es gibt wohl kein Buch über Wertschätzung, das nicht folgenden wunderbaren Text enthält, der unsere schlechte Gewohnheit thematisiert, zu denken, wir sollten uns nicht aufspielen.

Unsere tiefste Angst ist nicht, unzulänglich zu sein. Unsere tiefste Angst besteht darin, grenzenlos kraftvoll zu sein. Es ist unser Licht, das wir fürchten, nicht unsere Dunkelheit. Du bist ein Kind Gottes. Wenn du dich klein machst, hat die Welt nichts von dir.

Zusammenzuschrumpfen, nur damit sich andere in unserer Gesellschaft nicht unsicher fühlen, hat nichts mit Erleuchtung zu tun.

Wir wurden geboren, um die Herrlichkeit Gottes in der Welt zum Ausdruck zu bringen. Diese Herrlichkeit ist nicht nur in manchen Menschen – wir alle haben sie.

Und wenn wir unser Licht strahlen lassen, dann geben wir unbewusst auch allen anderen Menschen die Erlaubnis, ihr Licht strahlen zu lassen.

Wenn wir von Angst befreit sind, wird unsere Gegenwart automatisch auch auf andere Menschen befreiend wirken.[22]

3.8 Von Wertschätzung abhängig sein

Viele von uns lernen früh, dass wir dann okay sind, wenn jemand anderem gefällt, was wir tun, und er es gutheißt. Dies gilt besonders, wenn derjenige die Macht hat, uns „anzuerkennen“, etwa als Lehrer oder Elternteil. Dieser Umstand erschreckt mich sehr, denn die beschriebene Denkweise macht uns zu leicht manipulierbaren Marionetten – wir fühlen nur, dass wir etwas taugen, wenn die Autorität uns dies bestätigt.

Wenn wir uns von unserem Wunsch nach Belohnung leiten lassen, geben wir leicht das auf, was wir schätzen. Außerdem machen wir uns abhängig von beständigem äußerem Feedback, das uns unseren Wert bestätigt.

Hier wird noch einmal deutlich, dass Wertschätzung an sich kein Bedürfnis ist – wir haben jedoch ein Bedürfnis nach Kontakt mit unserer Umgebung und danach, Feedback zu erhalten, sodass wir verstehen können, auf welche Weise wir für andere einen Beitrag geleistet haben oder nicht.

„Sie hat ein großes Geltungsbedürfnis“ oder: „Er tut das nur, um gesehen zu werden“ sind typische Formulierungen, um anzudeuten, dass das Verhalten einer Person irgendwie falsch ist. So analysieren wir unsere Mitmenschen und denken vielleicht, sie sollten aufhören, nach Bestätigung zu suchen. Statt so zu urteilen, können wir aber auch das Bedürfnis dahinter spüren: das Bedürfnis, gesehen zu werden. Und wir können annehmen, dass diese Menschen – wie wir selbst – in einer Denktradition aufgewachsen sind, die auf den Gegensätzen Richtig und Falsch beruht, auf Akzeptanz oder Ablehnung.

Wir alle haben das Bedürfnis, gesehen zu werden. Zugleich ist offensichtlich, wie destruktiv es sein kann, nach einer bestimmten Form von Bestätigung von außen zu suchen. Wer dies tut, hat aller Wahrscheinlichkeit nach nicht gelernt, seinen eigenen Wertschätzungsvorrat aufzufüllen oder andere auf eine Weise um Feedback zu bitten, die tatsächlich etwas bewirkt. Vielleicht haben diese Menschen oft Lob und Anerkennung erhalten, aber nichts, dass ihnen geholfen hätte, ihre Fähigkeit zu erkennen, einen Beitrag zu leisten.

Wenn wir das menschliche Bedürfnis, gesehen zu werden, akzeptieren, können wir uns selbst und anderen helfen, mit diesem Bedürfnis auf eine Weise umzugehen, die nicht auf Anerkennung durch andere aufbaut.

3.9 Lob als Bestrafung

Viele Untersuchungen zeigen: Wird jemand am Arbeitsplatz oder in einer Lernsituation gelobt oder belohnt, steigt die Produktivität. Untersuchungen zeigen aber auch: Passiert dies über einen längeren Zeitraum, verlieren Lob und Belohnung ihre Wirkung. Man fällt auf das alte Produktivitätsniveau zurück oder sogar noch tiefer. Woran liegt das?

Alfie Kohn greift in seinem Buch „Punished by Rewards" zahlreiche Untersuchungen über den Einfluss von Belohnungen und Lob auf.[23] Unter anderem wird in vielen dieser Untersuchungen deutlich, dass Kinder, die dafür gelobt werden, bereitwillig mit anderen zu teilen (etwa Süßigkeiten), später weniger bereit sind zu teilen – zumindest solange kein Erwachsener in der Nähe ist.

Es scheint, als würde die Freude zu geben verschwinden, sobald die Handlung von einem Zwang, einer Belohnung oder einer „Idee des Verdienens" überlagert wird.

Die Gleichung „wenn ich dies tue, bekomme ich jenes" kann dazu führen, dass Menschen, alte wie junge, die zuvor etwas aus reiner Freude taten, dies nun als „Pflicht" ansehen oder als eine Chance auf Belohnung. Hier liegt der Kern von Korruption, falschem Lächeln, Heuchelei und Unehrlichkeit. Bin ich erst einmal „süchtig nach" Anerkennung, tue ich Dinge, die ich sonst nicht tun würde und die ich auch eigentlich nicht tun möchte. Agiere ich längere Zeit mit diesem Antrieb, mindert sich oft die Freude und mit ihr auch die Motivation, etwas zu schaffen. Inspiriert von Kohn habe ich in einigen Punkten zusammengefasst, warum Lob Menschen dahingehend beeinflussen kann, dass sie schlechtere Leistungen erbringen:

1. Lob macht es uns schwer zu verstehen, welche Bedürfnisse anderer wir zu erfüllen helfen. Darum sinkt unsere Motivation, denn Menschen tun sehr gern etwas für andere, sofern sie sehen, welchen Effekt dies hat. Wenn andere nur sagen, sie fänden uns gut, erhalten wir Informationen darüber, was sie für gut oder schlecht halten, aber nicht darüber, was sie fühlen oder brauchen.

2. Erhalten wir Lob für etwas, das uns leicht fällt, kann daraus der Gedanke resultieren, andere hielten uns nicht für besonders kompetent, intelligent oder fähig. Es scheint, als habe der andere mit unserem Scheitern gerechnet und sei nun froh und erstaunt, dass wir mit der Aufgabe zurechtgekommen sind, die uns selbst nicht besonders schwierig erschien. Dies kann dazu führen, dass wir uns – konträr zum eigentlich Gewünschten – beim nächsten Mal *weniger* anstrengen, da wir davon ausgehen, dass andere unser volles Potenzial ohnehin nicht sehen.

3. Als „tüchtig", „nett" oder „klug" bezeichnet zu werden kann als Druck erlebt werden, weiterhin etwas leisten zu müssen. Es kann auch leicht so verstanden werden, als hätte der andere einen Hintergedanken. Sein Lob scheint nur dem Zweck zu dienen, uns weitere Aufträge zu geben: *„Wenn du das hier schaffst, dann schaffst du bestimmt noch ein bisschen mehr."*
   Mehrere Nobelpreisträger litten durch die Aufmerksamkeit, die mit dem Preis einherging, später unter einer „Schreibblockade".[24] Viele Autoren, die Preise für ihre Debüts erhielten, haben das Gleiche erlebt. Schreibblockaden basieren auf Gedanken folgender Art: *„Nun erwartet man von mir, dass mein nächstes Buch noch besser wird, und das werde ich niemals schaffen."*
   Die Motivation gründet sich nun auf das Verlangen nach äußerer Bestätigung statt auf das eigene Verlangen des Autors, zu schreiben und sich auszudrücken. Vom Lob und den damit einhergehenden positiven Bezeichnungen wurde die Motivation „gekidnappt".

4. Haben wir von einer bestimmten Person viel Lob erhalten, möchten wir verständlicherweise gern vermeiden, von diesem Menschen kritisiert zu werden. Besonders wenn es uns erscheint, als stelle uns diese Person auf ein Podest aus Lob und Anerkennung. Noch immer schmerzen mich die Worte, die eine Lehrerin (die mich bis dahin stets gelobt hatte) in der dritten Klasse zu mir sagte: *„Das hätte ich von dir nicht gedacht, Liv."*
   Ich war acht Jahre alt und wollte ihm Erdboden versinken. Sie hätte mir genauso gut ein Messer ins Herz stoßen können. Bis dahin war sie meine Königin gewesen, aber dieser Satz zerstörte den Kontakt. Als sie versuchte, mich für etwas Getanes zu loben, bemühte ich mich, nicht hinzuhören, weil ich Angst hatte, es könnten sich Erwartungen hinter ihren Worten verbergen.

5. Loben wir jemanden auf eine anerkennende Art und Weise, tragen wir womöglich dazu bei, dass der andere, um sich okay zu fühlen, von Lob abhängig wird. Dann liegt seine Motivation, etwas zu tun, in der Hoffnung auf Anerkennung begründet. Auf diese Weise kann er leicht von jemandem manipuliert werden, der bereit ist, die erhoffte Anerkennung und das ersehnte Lob zu geben.

Meine Freundin (siehe Seite 51), die Schwierigkeiten hatte, an ihren Partner heranzukommen, erlebte eine Zeit lang, dass sie in ihrer Wertschätzung angenommen wurde. Aber nach einer Weile schien es wieder unmöglich, ihren Lebensgefährten mit ihrer Wertschätzung zu erreichen. Je mehr sie versuchte, ihm zu erzählen, was sie wertschätzte, desto mehr wich er zurück. Obwohl sie es auf alle möglichen Arten versuchte, war es, so sagte sie, als laufe sie gegen eine Wand. Beiden erschien die Situation ausweglos. Er wusste nur, dass er ein diffuses, aber starkes Unbehagen fühlte, wenn sie darüber sprach, was sie an ihrer Verbindung wertschätzte. Eines Tages verstand er, dass er ihre Wertschätzung und ihren Wunsch, ihm näherzukommen, mit einer früheren, traumatischen Situation verknüpft hatte. Von einer Frau, mit der er eine kurze Beziehung hatte, war er einige Jahre lang „verfolgt" worden. Sie hatte einen nie abreißenden Strom von SMS geschickt, angerufen und ihn zu allen möglichen und unmöglichen Uhrzeiten aufgesucht, gegen seinen Willen. Das kleinste Zeichen, dass meine Freundin zum gleichen Verhalten tendieren könnte, brachte ihn dazu, sich zurückzuziehen.

3.10 Dinge für selbstverständlich nehmen oder Dankbarkeit erzwingen – zwei Seiten der gleichen Medaille

„Selbst nach all dieser Zeit, sagt die Sonne nie zur Erde: ‚Du stehst in meiner Schuld.‘ Schau, was eine solche Liebe bewirkt – sie erleuchtet den ganzen Himmel.“

(Hafis[25])

Ein Dankeschön schmeckt am besten, wenn es freiwillig und als authentischer Ausdruck geäußert wird. Ein Dankeschön, das wir äußern, weil es von uns erwartet wird oder wir höflich sein wollen, hat zum Glück noch einen Kern von Energie, trotz der verwaschenen Intention. Wer mit Empathie zuhören kann, schleift auch den grauesten Feldstein zum Diamanten. Wer auf Bedürfnisse zu lauschen vermag, kann sich stets entscheiden zu hören, welche Bedürfnisse sich hinter einer Wertschätzungsäußerung verbergen, egal in welcher Form sie uns erreicht. Aber natürlich ist es eine Herausforderung, wenn das Dankeschön oder die Wertschätzung mehr aus Pflichtgefühl, aus einer Erwartungshaltung oder einer verborgenen Agenda zu kommen scheint als aus echter Dankbarkeit und dem Wunsch zu feiern.

Ich glaube viele von uns sagen ungern Danke, nur weil es von uns erwartet wird. Vielleicht liegt es am Drill in der Kindheit, Danke sagen zu müssen, sobald man etwas von einem Erwachsenen erhalten hat. Und dabei fragte derjenige, der das Danke von uns einforderte, nicht einmal nach, ob wir wirklich dankbar waren.

Als mein Sohn etwa drei Jahre alt war, fingen Menschen an, dieses „Danke!“ zu erwarten. Bis dahin hatte ich beobachtet, dass sie ihm etwas gaben, ohne ein Dankeschön zu erwarten. Nun aber fand ich mich wieder und wieder in Situationen, die einer Erpressung ähnelten: Der Erwachsene hielt etwas fest und sagte: *„Wenn du Danke sagst, bekommst du es.“*

Oder die Person fragte, Sekunden nachdem sie etwas gegeben hatte: *„Willst du nicht Danke sagen?“*

Wir werden von Freude erfüllt, wenn wir die Wertschätzung anderer hören, denn sie ist eine Art Quittung dafür, dass wir unsere Energie für etwas Bedeutsames verwendet haben. Diese Quittung können wir auf unterschiedliche Art und Weise erhalten. In vielen Situationen frage ich meinen Sohn, ob er Danke sagen möchte, nachdem er etwas bekommen hat. Diejenigen, die ihn auffordern, Danke zu sagen, möchten natürlich wissen, ob ihre Gabe für ihn einen Beitrag geleistet hat. Sie können diese Information durch sein Dankeschön erhalten, aber auch, indem sie beobachten, wie entzückt und neugierig er sich der neuen Sache widmet. Manchmal sagt er Danke und manchmal nicht. Tatsache ist, dass er meist so beschäftigt mit dem ist, was er gerade bekommen hat, dass er ganz einfach vergisst, sich zu bedanken.

Wenn Wertschätzung mit Begriffen wie „sollen“ und „verdienen“ vermischt wird, riskieren wir, dass die Quelle der Dankbarkeit versiegt. Möchte ich nur geben, wenn der andere Dankbarkeit zeigt, sollte ich mich vielleicht fragen, ob ich überhaupt geben möchte. Falls jemand nicht Danke sagen möchte, kann es daran liegen, dass er sich einfach nicht dankbar fühlt und dies ist, jedenfalls für mich, eine wertvollere Information als ein gehorsames Danke. Vielleicht möchte ich mit meiner Intention zu geben gesehen werden; aber dann ist es wichtig, dies auch deutlich zu kommunizieren.

Nun haben wir gesehen, dass der Gedanke, man *sollte* dankbar sein, echter Dankbarkeit im Weg steht. Die andere Seite dieser Medaille ist es, Dinge als selbstverständlich anzusehen und zu glauben, man bekäme alles, was man will. Die sogenannte hedonistische Anpassung tötet jegliche Dankbarkeit und kann uns leicht dazu bringen, nicht mehr zu staunen. Unsere Fähigkeit, uns schnell an neue Sachen in unserem Leben zu gewöhnen, hat der Menschheit in vielen Krisensituationen das Überleben gesichert. Aber die hedonistische Anpassung spielt uns einen Streich, wenn uns das, wonach wir uns vor Kurzem noch sehnten, bald schon nicht mehr glücklich macht. Wenn wir uns daran gewöhnt haben – sagen wir zum Beispiel an ein neues Auto, daran, verheiratet zu sein oder in einem großen Haus zu leben – ziehen wir daraus nicht mehr so viel Glück wie zu Beginn.

Anlässlich eines Aufenthalts in Japan nahm ich an einer traditionellen Teezeremonie teil. Während einer solchen Zeremonie wird der Tee mit besonderer Achtsamkeit und Konzentration zubereitet und getrunken. In einem Teil der Zeremonie geht es darum, die Teeschale genau in Augenschein zu nehmen, sich vor ihr zu verbeugen und ihr zu danken – vor einem „toten Ding“, einer Art Becher, etwas, das ich jeden Tag verwende und das einfach da sein soll, wenn ich Tee trinken möchte! Aber als ich mich vor der Schale verbeugte, erfüllte mich ganz unerwartet eine tiefe Dankbarkeit. Mir wurde bewusst, dass ich dank Bechern, Tassen und Schalen jeden Tag warmen Tee trinken kann. Dank dieser Behältnisse habe ich Tausende Liter Tee genossen und dank der Zeremonie erhielt ich eine längst fällige Erinnerung, mich für die Hilfe zu bedanken. Im gleichen Moment stellte ich eine Verbindung zur Dankbarkeit mit demjenigen her, der das Behältnis hergestellt hatte, zu demjenigen, der die Teepflanze gehegt und gepflegt, und zu demjenigen, der den Tee zubereitet hatte. Als ich mir erlaubte, bei dieser Dankbarkeit zu verweilen, wurden mir viele andere Bereiche meines Lebens bewusst, in denen ich Unterstützung erfuhr, die ich allzu oft für selbstverständlich hielt. Die Dankbarkeit richtete sich wie ein Scheinwerfer auf alles, was ich sonst nicht wahrnahm, und ich war überrascht, dass eine so einfache Sache so viele Reflexionen hervorrufen konnte.

Meine Freunde aus Polen fühlten sich an eigene Erlebnisse erinnert, als ich ihnen davon erzählte. Sie beschrieben, wie sie vor dreißig Jahren bereitwillig einen ganzen Tag in einer Schlange gestanden hatten, um eine Karte für ein Konzert der Warschauer Philharmoniker zu bekommen – und wie sie nun, sobald sie nur eine Stunde auf etwas warten müssen, darüber schimpfen, was sie in dieser Stunde alles hätten erledigen können.

3.11 Sei die Veränderung, die du in der Welt sehen möchtest

„Ehrlichkeit und Offenheit machen dich verletzlich. Sei dennoch ehrlich und offen."

(Mutter Teresa)

Meister Eckhardt sagte, wenn wir in unserem Leben nur ein einziges Gebet sprechen, so solle es das Gebet „Danke!" sein. Wenn ich für etwas dankbar bin, so wird mir bewusst, was ich wertschätze. Ich möchte die Dankbarkeit nähren und kann sie nutzen, um mir Ziele zu setzen.

Uns auf das zu konzentrieren, was wir wertschätzen, und zu versuchen, in kleinen Schritten „die Veränderung zu sein, die wir in der Welt sehen möchten" (Mahatma Gandhi), vermittelt uns eine andere Einstellung zu unserer Umwelt, als wenn wir nur zufrieden sind, ein Ziel erreicht zu haben.

Agieren wir aus einem Mangeldenken heraus oder um „böse Kräfte zu besiegen", verlieren wir womöglich Kraft, statt daraus die nötige Energie zu ziehen, das zu erschaffen, wonach wir uns sehnen. Es gibt uns einen ganz anderen Antrieb, uns auf unsere Träume zu fokussieren, auf das, was uns wichtig ist, statt auf das, was wir falsch oder schlecht finden.

Bevor Sie glauben, ich spräche von naivem, positivem, magischem Denken, möchte ich kurz die Stopptaste drücken. Ich spreche nicht davon, die Augen vor dem zu verschließen, was uns nicht gefällt. Ich meine: Wenn wir *nur* das wahrnehmen, was wir für falsch oder schlecht halten und was verändert werden sollte, dann sehen wir nicht all das andere, was bereits getan wird, um eine bessere Welt zu schaffen. Mit einem derartigen Tunnelblick verrennen wir uns leicht in der Vorstellung, die Menschen wollten einander nur Böses, sie seien gierig, faul oder egoistisch, und dann sinkt natürlich unsere Bereitschaft, selbst einen Beitrag zu leisten. Umgekehrt wächst unser Wille zu handeln, wenn wir uns all die kleinen Dinge ins Bewusstsein rufen, die Menschen gern für sich selbst und andere tun, und die überall auf dieser Erde und in jedem Augenblick geschehen.

Der Glaube, nur die „großen Dinge" zählten, macht uns leicht blind für die vielen, vielen Menschen, die die ganze Zeit und rund um unseren Planeten einen Beitrag für das leisten, was ich „eine bessere Welt" nenne. Wenn nur „die großen Dinge zählen", dann scheint es uns, als könne nie genug getan werden, und wir glauben allzu gern, wenn *wir* es nicht tun, wird es nie geschehen. Nehmen wir diese Gedanken bewusst wahr, dann stellen wir fest, dass wir wieder einmal auf den Mythos hereinfallen, wir seien die Einzigen, die einen Unterschied machen können und werden.

Ich habe es bereits geschrieben, aber gerade das ist es wert, wiederholt zu werden! **Wertschätzung auszudrücken erinnert Menschen an ihre Kraft, einen Beitrag leisten zu können.** Menschen lieben es, sich zu beteiligen (selbst wenn sie manchmal vergessen, wie schön sich das anfühlt oder auf welche Weise sie dies tun können). In vielen Kulturen ist dieser Gedanke tief verwurzelt, ebenso wie die Überzeugung, dass Bestrafung nicht die beste Art ist, um jemandem begreiflich zu machen, dass er mit seinem Tun anderen geschadet hat.[26] Man geht vielmehr davon aus, jemand, der einem anderen schadet, tue dies, weil er die Verbindung zum Grundlegendsten des Menschseins verloren hat: dem Willen, für sich selbst und andere einen Beitrag zu erbringen. Bestrafung trägt nicht dazu bei, die Verbindung wiederherzustellen und an die Situationen zu erinnern, in denen die Straftäter einen Beitrag erbracht *haben*, sodass sie in dieser Erinnerung erneut erleben können, wie wunderbar es ist, etwas beizutragen.

> In diesem Leben tun wir vielleicht keine großen Dinge, aber wir können kleine Dinge mit großer Liebe tun.
>
> (Mutter Teresa[27])

Mutter Teresas Worte helfen mir, wenn ich verzweifelt bin, weil ich glaube, nicht genug zu tun. Es ist leicht, in dem Glauben zu verhaften, nur das „Große" sei etwas wert. Diese Haltung macht uns blind dafür, dass Menschen die ganze Zeit dazu beitragen, eine „bessere Welt" zu erschaffen.

So oft habe ich extrem hohe Erwartungen an mich selbst gestellt und geglaubt, ich allein müsse die Probleme der Welt lösen. Als mir klar wurde, wie egozentrisch diese Denkweise ist, fühlte ich mich einerseits erleichtert und andererseits beschämt. Es gibt eine Geschichte über einen Jungen, der gestrandete Seesterne rettet. Als sein Vater anzweifelt, dass es überhaupt eine Rolle spielt, wenn der Junge einen oder zwei rettet, während Tausende in der Sonne liegen und sterben, hält der Junge einen der Seesterne zu seinem Vater hoch und sagt: *„Für den hier, für den spielt es eine Rolle!"*

In der Mitte der 1980er-Jahre hatte ich das Glück, mit Mutter Teresa und den Ordensschwestern zusammenzuarbeiten, die unter ihrer Leitung eine Herberge für Obdachlose in Kalkutta unterhielten. Es war eine bedeutsame Zeit, da ich täglich Menschen sah, die das lebten, was ich die Essenz der Liebe nenne. Mit wenigen Mitteln, aber mit großer Achtsamkeit und Liebe trugen diese Nonnen, unterstützt durch uns Freiwillige, Tag für Tag mit kleinen, alltäglichen Dingen zum Leben vieler Menschen bei. Ein Obdachloser erhielt die Möglichkeit, in einer der Herbergen zu duschen und zu schlafen, die Wunde eines Straßenkinds wurde behandelt und viele Portionen Reis nährten die Hungrigen.

Etliche Male fühlte ich mich rastlos, denn mein Fokus war so sehr darauf ausgerichtet, dass wir nicht genug taten. Mir schien unser Handeln nicht so wichtig, weil wir nichts von Bestand erreichten, weil wir keine Machtstrukturen oder ungesunden Gesellschaftssysteme veränderten, und sicher lag eine Portion Wahrheit darin. Aber es machte mich auch blind für die Tatsache, dass wir für eben jene Frau, eben diesen Mann und eben dieses Kind keine kleinen Dinge taten – für sie ging es um Leben und Tod. Es waren einige Momente, in denen sie Liebe, Wärme und Fürsorge erlebten und in denen wieder ein Funke von Lebenslust in ihren Augen entzündet wurde.

Zudem ist diese Art von Arbeit wertvoll, denn sie bietet uns Vorbilder, denen ihre Mitmenschen nicht egal sind und die vorleben, wie Menschen sich umeinander kümmern. Gleichzeitig glaube ich, dass wir, wenn wir weiterhin auf diesem Planeten leben wollen, mehr tun müssen, als Individuum für Individuum zu helfen. Ich träume davon, dass wir – parallel zu den Bemühungen um das Wohlbefinden aller Menschen – das System, in dem wir leben, in etwas Lebensdienlicheres verwandeln.

Ich glaube an die Idee, dass glückliche Menschen nicht unterdrückt werden können. Wenn wir wirklich glücklich sind, möchten wir automatisch, dass auch alle anderen glücklich sind. Dann sind wir nicht mehr abhängig vom Gutdünken anderer und können an den Veränderungen arbeiten, die uns vor Freude tanzen lassen und die uns beständig Kraft schenken.

3.12 Widerstand gegen das Geben und Empfangen von Wertschätzung

Überlegen Sie einen Moment, was Sie daran hindern könnte, all der Wertschätzung Ausdruck zu verleihen, die Sie fühlen; sowohl allgemein als auch in Hinblick auf bestimmte Personen und bestimmte Gelegenheiten.

Wenn wir Wertschätzung nicht ausdrücken, liegt das oft daran, dass es uns peinlich ist oder wir Angst haben, nicht angenommen zu werden. Es kann auch vorkommen, dass wir einfach nicht wissen, wie wir uns ausdrücken sollen oder dass der andere die Wertschätzung scheinbar nicht hören will. Vielleicht möchten Sie auch warten, bis es sich „spontan ergibt", aber gerade das Warten trägt selten dazu bei, dass sich die Wertschätzung natürlicher oder spontaner anfühlt. Manchmal weckt der Gedanke, jemand anderem Wertschätzung entgegenzubringen, auch die Sehnsucht danach, selbst Wertschätzung zu bekommen. Das kann es schwer machen, sie anderen zu geben.

Egal, warum Sie Wertschätzung nicht ausdrücken wollen oder es nicht wagen – an dieser Stelle behaupte ich, dass Sie ausweichen, weil Sie versuchen, Bedürfnisse zu befriedigen. Vielleicht das Bedürfnis nach Authentizität, das Bedürfnis nach Respekt oder die Rücksicht gegenüber dem Empfangenden. Nehmen Sie sich einen Augenblick Zeit, um eine Verbindung mit den Bedürfnissen herzustellen, die Sie zu erfüllen glauben, indem Sie gegenüber einer bestimmten Person Wertschätzung ausdrücken. Wenn Sie Kontakt zum Bedürfnis hergestellt haben, überlegen Sie, ob es eine Art gibt, auf die Sie sich ausdrücken können, um das Bedürfnis zu erfüllen. Ich habe oft festgestellt: Selbst wenn ich glaube, meine Wertschätzung sei nicht zu hundert Prozent authentisch (etwa, weil der Anlass schon eine Weile zurückliegt), dann wird sie authentisch, sobald ich sie äußere. Denn unser Gegenüber erlebt die Wertschätzung im Hier und Jetzt.

Einmal fragte ich meine Mutter, die Wertschätzung oft „beiseitewischte", ob ich aufhören solle, mich wertschätzend zu äußern. Nach einigem Nachdenken antwortete sie: *„Nein, das ist es wert. Natürlich werde ich in dem Moment verlegen, aber die Wertschätzung bleibt ja für länger."*

Ein anderes Hindernis, sowohl für das Annehmen als auch für das Entgegenbringen von Wertschätzung, sind statische Sprache und Zuschreibungen. Das folgende Erlebnis zeigte mir, dass ich von dieser Art zu denken viel stärker beeinflusst war, als ich geglaubt hatte.

> Als ich in einem Lebensmittelgeschäft gerade bezahlen wollte, kam eine Frau auf mich zu. Sie äußerte sich wertschätzend über meine Auswahl, denn in meinem Korb lagen Bio-Lebensmittel, die aus regionalem Anbau stammten oder fair gehandelt waren. Erst fühlte ich Freude und nahm die Wertschätzung an. Aber dann nahm ich wahr, dass sie nach Alkohol roch, und – zack! – schien die Wertschätzung weniger wert.

Zunächst war es traurig, sich dieses zensierenden und verurteilenden Autopiloten bewusst zu werden. Aber er machte mich auch darauf aufmerksam, wie wichtig mir das Bedürfnis nach Vertrauen und Authentizität ist. Ich wollte darauf vertrauen können, dass sie wirklich meinte, was sie sagte, und meine Urteile über sie wirkten wie ein Hindernis. Als ich verstand, dass ich Vertrauen erleben wollte und meine Urteile eine Mauer zwischen uns schufen, fiel es mir leichter, ihre Wertschätzung anzunehmen und wieder die Wärme in ihrem Blick zu sehen.

Üben Sie dies gerne anhand der Übung für Woche 9 „Um Wertschätzung bitten" auf Seite 99.

3.13 „Eigenlob stinkt"

Einmal feierten Horden von inneren Kritikern ein mehrtägiges Fest in meinem Kopf. Ich sollte einen Kurs leiten und wusste nicht, woher ich die Kraft dafür nehmen sollte. Mehrmals hatte ich in den Tagen zuvor mit Freunden gesprochen, von denen ich für gewöhnlich Unterstützung erhielt, aber dieses Mal schien nichts zu helfen. Dann fiel mir das Geschehnis ein, dass ich unter der Überschrift „Um Wertschätzung bitten" (Woche 9) auf Seite 99 beschreibe. Also rief ich einen weiteren Freund an – dieses Mal nicht, um selbst gehört zu werden, sondern um ihn zu bitten, von ihm drei Sachen erfahren zu dürfen, die er während der 15 Jahre, die wir uns kannten, an mir schätzen gelernt hatte. Er kam meiner Bitte nach und sofort fühlte ich, wie sich mein Herz öffnete, und ich weinte. Seine Wertschätzung reichte aus, um mich daran zu erinnern, dass ich zum Leben anderer beitragen kann, und dies gab mir die nötige Energie, um meine Arbeit zu tun.

Bald wurden mir weitere Zusammenhänge klar. Zwei Wochen zuvor hatte ich nämlich etwas getan, worauf ich irrsinnig stolz war. Aber ich hatte es mit niemandem geteilt, mich nicht offen daran gefreut, sondern hatte es für mich behalten, nach dem Motto „Eigenlob stinkt". Ich erkannte: Wenn ich dem natürlichen Impuls zu feiern nicht folge, werde ich deprimiert und müde. Denken Sie nur an ein Kind, das ganz unbeschwert und stolz seine neueste Zeichnung herzeigt.

Vielleicht rührt der Ausspruch „Eigenlob stinkt" zum Teil daher, dass es sich wie eine Suche nach Bekräftigung anfühlen kann, wenn wir nicht geradeheraus feiern, sondern mit unserem Erfolg nur beschämt herausrücken wie mit einem Geständnis. Wie schön aber wäre es für unsere Mitmenschen, mit uns zusammen zu feiern?

Wenn Kinder feiern, tun sie das meist offen, bis sie etwas anderes lernen als „Mama, Mama, guck, was ich gemacht habe!". Über diese Art des Feierns kann man sich deutlich leichter freuen, selbst bei Erwachsenen.

Eine Sache, die mir hilft, mich über das zu freuen, was ich erreicht habe, und mir selbst Wertschätzung zuteilwerden zu lassen, ist es, mich selbst als Glied einer langen Kette des Gebens und Nehmens wahrzunehmen. Lesen Sie mehr darüber unter der Überschrift „Ihr Platz in der Kette des Gebens und Nehmens" auf Seite 118.

3.14 Vergleiche

Manchmal vergleichen wir uns auf eine Weise mit unseren Mitmenschen, die uns glauben lässt, wir seien besser als andere. Das führt jedoch selten dazu, dass wir Dankbarkeit für das Vorhandene erleben. Ebenso verhält es sich, wenn wir uns auf eine Weise vergleichen, die uns glauben lässt, wir seien schlechter als andere. Wir vergleichen auch andere Menschen miteinander und versuchen zu ermitteln, wer am besten ist – dies verhindert ebenfalls Wertschätzung. „Klar ist er geschickt, aber nicht so geschickt wie …" Vergleiche vermindern unser Vermögen, das Leben zu schätzen. Aber wer versucht hat, mit dem Vergleichen aufzuhören, weiß, wie schwer das ist. Man pflegt zu sagen, Vergleiche kämen „automatisch" oder das „säße uns in den Knochen" – aber Fakt ist, dass die meisten von uns das Vergleiche-Ziehen über Jahre eingeübt haben. Seit unserer Kindheit ging es in vielen Bereichen darum, uns zu messen und miteinander zu konkurrieren.

An der Pinnwand in meinem Büro hängt ein tragikomischer Zeitungsausschnitt. Er zeigt eine Mutter, die ihren zweijährigen Jungen, der ein Trikot mit einer Startnummer trägt, über die Ziellinie schleppt. Laut Bildunterschrift hatte sie, genau wie viele andere Eltern, ihr Kind gezwungen, den Lauf zu vollenden. Die Kinder selbst verstanden noch nicht, dass es darum ging, vor den anderen ins Ziel zu kommen – sie wollten viel lieber miteinander spielen.

Die Vergleiche, von denen ich hier spreche, basieren auf den Gegensatzpaaren „richtig und falsch" oder „schlechter und besser". Es geht nicht darum, Tapeten miteinander zu vergleichen, um zu sehen, welche dunkler ist, oder verschiedene Routen zu vergleichen, um den kürzesten Weg in die Toskana zu finden. Diese Art von funktionalen Vergleichen, die keine moralischen Urteile treffen, können großartige Entscheidungshilfen sein. Nur wenn wir eine moralische Bedeutung in die Vergleiche legen, beeinflussen sie uns negativ. Da „moralische" Vergleiche einen so starken Effekt auf uns haben und es gleichzeitig nicht einfach ist, sie sein zu lassen, habe ich meine Energie darin investiert, sie „kennenzulernen". Großen Nutzen hatte ich dabei von der Behauptung, jeder Vergleich stehe für ein wichtiges Bedürfnis. Dies hat meine Neugier auf meine vergleichenden Gedanken geweckt und darauf, was sie mir über meine Bedürfnisse verraten können – besonders darüber, wie ich sie besser erfüllen kann.

Vier Dinge, die Sie tun können, wenn Sie sich beim Vergleichen erwischen:

1. Sehen Sie es als Erinnerung daran, dass Sie ein solides Training im Vergleichen absolviert haben.
2. Verstehen Sie Vergleiche als Signal, dass Sie kurzfristig vom Weg abgekommen sind und vergessen haben, was wichtig für Sie ist.
3. Nehmen Sie Vergleiche als eine Art „Weckruf", dass es an der Zeit ist, innezuhalten und herauszufinden, was Sie fühlen, brauchen und wollen.
4. Erinnern Sie sich selbst daran, dass sich hinter jedem Vergleich schöne Bedürfnisse verbergen – erfüllte und unerfüllte.

Ich höre dich nie sagen, was du an mir schätzt.

Oh, dabei glaubte ich, ich würde oft sagen, was ich an dir schätze.

Ja, aber das fühlt sich eher an, als würdest du mir den Kopf tätscheln, sagte sie und machte vor, wie ich aussah, wenn ich „auf sie herabsah". *„Du bist doch gar nicht so dumm! Das hast du doch richtig gut hinbekommen, ich wusste gar nicht, dass du dazu fähig bist."*

Auch wenn es nicht das war, was ich gesagt hatte: Das hatte meine Freundin gehört. Gemeinsam kamen wir darauf, dass sie keine Sehnsucht heraushörte, etwas von ihr zu hören oder zu bekommen. Außerdem wollte sie mehr darüber erfahren, was ich wertschätzte. Sie verstand, dass dies zum Teil aus ihrem statischen Bild von mir als „Lehrerin", „fähige Person" oder sogar „Besserwisserin" resultierte. Das erschwerte es ihr, meine Wertschätzung zu hören. Sie bemerkte, dass es leichter für sie war, meine Wertschätzung anzunehmen, wenn sie erleben konnte, wie sie zur Erfüllung meiner Bedürfnisse beitrug. Sie hörte meine Worte nicht länger so, als würde ich sie „anerkennen".

Dies half mir, meine Ausdrucksweise zu nuancieren. Ich lernte zu kommunizieren, dass ich unbefriedigte Bedürfnisse gehabt hatte, die nun dank ihres Beitrags erfüllt werden konnten. Ich konnte sogar Vergleiche anwenden, um dies zu verdeutlichen. *„Wenn ich dich Klavier spielen höre, bin ich unglaublich froh, weil ich dadurch so viel Inspiration erhalte"*,

wurde zu:
„Wenn ich dich Klavier spielen höre, werde ich froh und auch ein bisschen traurig. Traurig, weil ich gern selbst so spielen möchte, und froh, weil es mir dennoch die Gelegenheit gibt, Musik zu hören, die mich inspiriert und nährt."

4. | Glückswerkzeuge

4.1 Das Glück kommt, das Glück geht – und was Sie daran ändern können

Es ist nicht die *Intensität* der Glücksgefühle[28], die wesentlich darüber bestimmt, ob wir Glück erleben oder nicht. Es ist nicht das intensive Erlebnis einmal im Jahr (zum Beispiel wenn wir genug für etwas zusammengespart haben, wonach wir uns sehnen), das uns auf eine stabilere oder „bessere" Art glücklich macht. Die Antwort auf die Frage nach dem Glück ist kein starker Glücksrausch durch ein großes Abenteuer, durch Drogen, dadurch, dass wir den richtigen Partner finden, oder durch einen Lottogewinn. Jedenfalls nicht, wenn es uns um etwas Wahrhaftigeres geht.

Was darüber bestimmt, ob wir uns als glücklich empfinden, ist, wie oft wir Glücksgefühle erleben. Glück in den kleinen Augenblicken zu finden durch Genuss und das Erleben von Sinn im Alltag, in der Freundlichkeit gegenüber anderen, indem wir schätzen, was wir haben, indem wir „Danke!" sagen und es auch meinen – all dies macht wahrhaftig einen Unterschied.

Die Dankbarkeitsübungen, die Sie weiter hinten im Buch finden, sind so gestaltet, dass sie Ihnen einen beständigen Strom von Glücksgefühlen im Alltag schenken. Möglichst oft eine kleine Dosis Glück: Das ist der Lebensstil, zu dem Sie die Übungen hoffentlich inspirieren.

Oft habe ich Menschen fragen hören, wie man glücklich wird. In den vergangenen zwanzig Jahren wurde darüber geforscht, was wirklich zu größerem Glück führt. Ich betrachte diese Forschungsergebnisse mit etwas Vorsicht. Gleichzeitig unterstützen sie mich, das Glück in meine eigenen Hände zu nehmen, indem sie mir Zusammenhänge und Funktionsweisen verdeutlichen.

Was mir auch hilft, ist ein Gedanke aus der Philosophie des Lachyoga:
Man lacht nicht, weil man froh ist, man ist froh, weil man lacht.[29]

Oft wird davon gesprochen „das Glück zu finden" oder „glücklich zu werden" – als wäre das Glück ein Ort oder etwas, das man ein für alle Mal „sein" kann. Eine solche Einstellung führt auf den falschen Pfad, weil es sich gezeigt hat, dass das Glück kein statischer Zustand ist, sondern Tag für Tag erschaffen wird. Glück zeigt sich oft als Ergebnis, so wie wir vom Lachen fröhlich werden. Glück kann in allerhöchstem Maße gemacht und beeinflusst werden.

Auf dem Cover der englischsprachigen Ausgabe ihres Buches „The How of Happiness“ (deutsche Ausgabe: „Glücklich sein: Warum Sie es in der Hand haben, zufrieden zu leben“) verwendet Sonja Lyubomirsky ein Kreisdiagramm (symbolisiert durch einen runden Kuchen), um zu verdeutlichen, welche Komponenten unser Glück beeinflussen. Die Forschungsergebnisse, die sie zusammengestellt hat, zeigen, dass ungefähr 50 Prozent unseres Glücks genetisch bedingt sind (der halbe Kuchen). Das heißt: Genauso wie wir groß oder klein geboren werden können, introvertiert oder extrovertiert, haben wir ein Grundmaß dafür, wie glücklich wir uns fühlen.[30]

Die übrigen 50 Prozent des Kuchens spalten sich in zwei Teile. Etwa zehn Prozent unseres Glücks resultieren aus persönlichen Umständen, zum Beispiel ob wir verheiratet sind oder nicht, arm oder reich, arbeitslos, Rentner, bei guter Gesundheit oder nicht. Ein typischer Versuch, ein glücklicheres Leben zu führen, besteht darin, sich auf die Veränderung dieser Lebensumstände zu konzentrieren. Aber selbst, wenn dies zu einer gewissen Erhöhung des Glücksniveaus beiträgt, währt der Erfolg nur kurz, wenn er nicht gleichzeitig von den restlichen 40 Prozent gestützt wird. Diese 40 Prozent basieren auf Handlungen, die wir regelmäßig ausführen können, um Glück zu erleben.

Wenn Ihre grundlegendsten Bedürfnisse nicht erfüllt sind, hat das weitreichende Konsequenzen für Ihr Glücksniveau. Für Personen, die in einer von Armut oder Krieg bedrohten Umgebung leben, ist das Glück sehr viel stärker von äußeren Umständen abhängig als für jemanden, der dem Mittelstand in Europa oder den USA angehört.[31] Ich nehme an, die meisten Menschen, die dieses Buch lesen können, gehören zu dieser Gruppe, deren Grundbedürfnisse größtenteils erfüllt sind, und aus dieser Perspektive schreibe ich auch.

Wollen wir Glück erleben und „klug investieren“, dann setzen wir darauf, unser eigenes Verhalten zu beeinflussen, Tag für Tag. Richten wir einen großen Teil unserer Aufmerksamkeit darauf, unsere Lebensumstände zu ändern (10 Prozent), nimmt uns das Zeit und Kraft von den 40 Prozent, die wir jeden Tag beeinflussen können. Dies gilt natürlich nur für diejenigen unter uns, deren Grundbedürfnisse befriedigt sind und die zufrieden damit sind, wie ihr Leben aussieht.

Es kann eine größere Herausforderung sein, als man zunächst glaubt, sich jeden Tag oder so oft wie möglich zu entscheiden, das zu tun, was uns glücklich macht. Vielleicht sind wir uns nicht voll darüber im Klaren, was für uns tatsächlich etwas verändern könnte, vielleicht haben wir Gewohnheiten, die schwer zu brechen sind, oder Denkmuster, die uns einflüstern, wir seien es nicht „wert“, glücklich zu sein.

Während ich dies schreibe, kommt Unruhe in mir auf. Vielleicht klingt das, als schlüge ich vor, gar nicht erst zu versuchen, ineffektive Gesellschaftsstrukturen zu verändern, sondern nur als Individuum daran zu arbeiten, in seinem eigenen Leben Glück zu finden. Menschen, die ihre Inspiration aus den gleichen Quellen schöpfen wie ich, höre ich sagen, es sei das Beste, „sich um sich selbst zu kümmern und alles andere einfach außen vor zu lassen". Diese Herangehensweise macht mir Angst, denn ich glaube nicht, dass Glück eine rein persönliche Angelegenheit ist.

Glücksstrategien für meinen Tag

Ich versuche, jeden Tag eine körperliche Aktivität einzubinden, denn Sport ist eine meiner liebsten Glücksstrategien. Wenn ich Yoga mache, beinhaltet dies einige weitere meiner Glücksstrategien, nämlich zu meditieren und Spiritualität in mein Leben zu bringen. Da ich beschlossen habe, lange zu leben und gesund zu bleiben, um viel Zeit mit meinem Kind verbringen zu können, ist Bewegung wichtig für mich. Yoga und Bewegung sind also eine Art „Multistrategie", die gleichzeitig viele meiner Bedürfnisse erfüllt und mein Glücksniveau auf unterschiedlichste Art positiv beeinflusst.

Ihr genetisches Erbe gibt ein grundsätzliches Glücksniveau vor, aber Sie können es selbst erhöhen, indem Sie regelmäßig Glücksstrategien verwenden, die zu Ihnen passen. Die Forschung zur sogenannten Positiven Psychologie und zum Glück zeigt, dass es wichtig ist, zu variieren. Probieren Sie deshalb gern neue Formen für die Umsetzung Ihrer Glücksstrategien aus. Vergessen Sie gleichzeitig nicht: Etwas „auszuhalten", von dem wir wissen, dass es zum Erreichen eines lang ersehnten Ziels wichtig ist, führt erwiesenermaßen auch zum Glück.

Es gibt keinen festgelegten Weg, der für alle zum Glück führt. Lyubomirsky hat zwölf Kategorien von Strategien aufgelistet, die laut Forschung das Glücksniveau heben. Dankbarkeit hat sich als eine der wirkungsvollsten Methoden erwiesen, um unser Glückserleben zu vergrößern.

Vielleicht glauben Sie, es sei leicht, dankbar zu sein, wenn man glücklich ist – aber es funktioniert auch umgekehrt: Dankbarkeit an sich führt zu mehr Glück. Hier einige Antworten auf die Frage, warum Dankbarkeit so wertvoll ist:

- Dankbarkeit hilft uns, uns auf die guten Seiten des Lebens zu konzentrieren, sie bewusst zu erleben und wertzuschätzen.
- Dankbarkeit erhöht unser Selbstwertgefühl, da sie uns deutlich macht, über wie viel Kraft wir verfügen, um einen Beitrag für uns selbst und andere zu leisten.
- Dankbarkeit hilft uns, mit Stress und traumatischen Erlebnissen umzugehen. Dadurch sind wir weniger unruhig und deprimiert.
- Dankbarkeit stärkt unsere sozialen Kontakte, da sie uns inspiriert, neue und alte Beziehungen zu pflegen.

- Dankbarkeit verringert unsere Tendenz, uns mit anderen zu vergleichen, und stärkt stattdessen unsere Fähigkeit, anderen mit Empathie zuzuhören.
- Dankbarkeit verringert die „hedonistische Anpassung“, die manchmal dazu führt, dass wir die Wirklichkeit verzerrt sehen und vergessen, für das dankbar zu sein, was wir haben.

4.2 Glück breitet sich in konzentrischen Kreisen aus

„Geteiltes Glück ist doppeltes Glück!“

Früher glaubte ich, Glück sei egoistischer Luxus. Als ich erfuhr, dass es unser Immunsystem stärken kann, wurde mir klar, dass auch ein erhöhtes Glückserleben einen Nutzen für die Gemeinschaft haben kann. Die Glücksforschung hat gezeigt, dass Glück unsere Fähigkeit, mit Stress umzugehen, verbessern kann. Darüber hinaus fördert es unsere Kreativität, und so steigern sich auch unsere Möglichkeiten, Probleme aus einer ganzheitlichen Perspektive heraus anzugehen.[32]

Wenn wir unser Glücksniveau erhöhen, kommt dies auch anderen zugute, denn glückliche Menschen arbeiten besser zusammen. Das beeinflusst natürlich sowohl die Stimmung als auch die Effektivität am Arbeitsplatz, in der Familie oder in anderen Gruppen. Fühlen wir uns glücklich, ist es leichter für uns, den Blick zu heben und andere Menschen wahrzunehmen, und dann wird es auch einfacher, nährende Beziehungen zu führen. Um glücklich zu sein, müssen Sie sich entscheiden, das zu tun, was Sie wirklich glücklich macht. Glück ist also ein Nebeneffekt, der eintritt, wenn Sie Dinge tun, die Sie mögen. Es ist eher eine Art Quittung als ein Endergebnis. Ich sehe das Glück nicht als Ziel an sich. Ein Ziel kann es etwa sein, ein Buch zu schreiben, und auf dem Weg dorthin möchte ich gern Glück erleben.

Glück ist eine verderbliche Ware und deshalb Tag für Tag zu genießen. Es kann nicht gelagert werden und es gibt auch kein Patent darauf. Aber es ist für alle zugänglich und wächst im gleichen Maß, wie wir es pflegen. Und auf geheimnisvolle Weise wächst es auch in dem Maß, in dem wir es mit anderen teilen.

Eine der Personen aus der „Dankbarkeitsgruppe“, die ein Jahr lang die 52 Übungen aus diesem Buch testete, beschrieb ihr Erleben wie folgt:
Ich habe gelernt: Je mehr ich das wertschätze, was um mich herum existiert, und dankbar dafür bin, desto mehr bekomme ich, um es wertzuschätzen! Als hätte man einen Stein ins Wasser geworfen und die Ringe setzten sich immer weiter fort! (Carola)

Zwanzig Jahre Forschung zeigen, dass eine ausgewogene Balance zwischen positiven und negativen Äußerungen zu glücklichen Beziehungen führt. In Beziehungen, die Menschen als glücklich erleben, kommen ungefähr fünf positive Äußerungen auf eine negative. Oft vergessen wir, unseren Freunden und unseren Liebsten Wertschätzung entgegenzubringen, da wir glauben, sie wüssten, wie sehr wir sie schätzen. Aber dies für selbstverständlich zu halten ist etwa so, als würden wir darauf verzichten, unsere Blumen zu gießen.

Interessanterweise zeigen Untersuchungen, dass dauerhafte Beziehungen dadurch gekennzeichnet sind, wie man sich in guten Zeiten zueinander verhält, nicht in schlechten Zeiten! Äußert man Wertschätzung und feiert gemeinsam, wenn es für einen von beiden gut läuft, ist es leichter, sich auch dann zusammengehörig zu fühlen, wenn es mal nicht so gut läuft.

Wertschätzung stärkt nicht nur die Beziehungen zu den Menschen, die uns nahestehen, wir fühlen uns auch selbst gut, wenn wir uns wertschätzend äußern. Eine Studie etwa zeigt, dass Menschen, die dreimal am Tag mit Interesse und Enthusiasmus auf gute Nachrichten von Freunden reagieren, sich nach nur einer Woche glücklicher fühlen. Es hat sich sogar gezeigt, dass Wertschätzung sich positiv auf Depressionen auswirken kann.

4.3 Geld und Glück

„Mich auf die Dankbarkeit zu konzentrieren hat mir Freude, Ruhe, Frieden und Ehrfurcht vor den kleinen Dingen des Lebens gegeben. Ich habe nicht mehr so ein großes Verlangen, Dinge zu besitzen, sondern gebe mich mit weniger zufrieden. Ich bin dankbarer für das, was ich schon habe. Ich fühle eine Art Genügsamkeit durch das, was ich habe, und Zuversicht, dass ich bekomme, was ich benötige."

(Marianne)

Manche sagen „Geld macht glücklich" und andere sagen „Geld macht überhaupt nicht glücklich". Verschiedene Forschungsergebnisse zeigen, dass in beiden Aussagen ein Körnchen Wahrheit steckt. Aber es gibt keinen lupenreinen Zusammenhang, es ist also nicht so, dass derjenige sich glücklicher fühlt, der mehr Geld hat, während es bei jemandem mit weniger Geld umgekehrt ist.

Das größte Missverständnis ist vielleicht das, was der Psychologe Daniel Gilbert so clever zusammenfasst: „Wir glauben, Geld mache uns langfristig sehr viel glücklicher, dabei macht uns Geld in Wirklichkeit kurzfristig ein klein bisschen glücklicher."

In den meisten Ländern der nördlichen Hemisphäre hat sich das wirtschaftliche Wachstum in den vergangenen Jahrzehnten verdoppelt, in manchen Fällen gar verdreifacht, aber das hat nicht zu einem erhöhten Glücksniveau geführt. Nur wenn der Zuwachs an Geld einen Menschen aus höchster Armut herausholt, führt dies zu langfristig größerem Glück. Wem es materiell bereits gut geht, für den macht Geld einen sehr kleinen oder gar keinen Unterschied im Glücksniveau, konstatiert Gilbert.[33] Aber wer zuvor von der Hand in den Mund lebte und nun genug Geld hat, um seine Kinder zu ernähren, wird erheblich glücklicher sein. Diese Glücksgefühle vermag ich mir nicht einmal vorzustellen und halte es, genau wie viele andere Menschen, leider oft für selbstverständlich, dass ich Lebensmittel kaufen kann, um mein Kind damit zu versorgen.

Ich stimme dem Soziologen Ruut Veenhoven zu: Ein Land, das das Glück der Bevölkerung erhöhen will, sollte weniger auf wirtschaftliches Wachstum setzen, sondern auf solche Maßnahmen, die zu mehr Freiheit, Demokratie und allgemeiner Sicherheit führen.[34]

Filme, Medien, Werbung und Musik: In unserer Umgebung gibt es viele Quellen, die uns suggerieren, Sinn – ein Bedürfnis, das wichtig für uns Menschen ist – lasse sich durch Reichtum und Besitz erleben. Wenn wir das Bedürfnis nach Sinn so missverstehen, glauben wir, mehr Geld mache uns automatisch glücklicher. Und wir vergessen womöglich, glücklich über das zu sein, was wir haben. Eine mögliche Erklärung, warum Besitz uns nicht glücklicher macht, ist das Phänomen der hedonistischen

Anpassung: Wir gewöhnen uns und passen uns an die Situation an, in der wir uns befinden.

Also müssen wir andere Wege suchen, um Glück zu erleben. Natürlich könnte ich ein neues Auto kaufen, den Arbeitsplatz wechseln und einen neuen Partner finden – aber je öfter ich dies tue, desto öfter muss ich es wiederholen, um Glück zu erleben. Wie in einem Hamsterrad, in dem wir immer schneller und schneller laufen müssen. Untersuchungen zeigen, dass das Glücksniveau in Europa und den USA seit Mitte des 20. Jahrhunderts nicht gestiegen ist, anders als die Einkommen in dieser Zeit, und die hedonistische Anpassung ist eine denkbare Erklärung.

Erhöhter Konsum führt also nicht zu anhaltendem Glück. Umgekehrt zeigt die Glücksforschung, dass Menschen, die sich als glücklich erleben, sich leichter anpassen können, wenn ihr Einkommen aus irgendeinem Grund sinkt. Wir werden vermutlich nicht *mehr* konsumieren, wenn wir uns als glücklich erleben, sondern eher im Gegenteil.

Was glückliche Menschen tun und was auch Sie tun können[35]

1. Dankbarkeit erleben
2. Optimismus kultivieren
3. Vergleiche und Grübeleien vermeiden
4. Anderen etwas Gutes tun
5. Beziehungen pflegen
6. Unterschiedliche Methoden entwickeln, um mit Schwierigkeiten umzugehen
7. Lernen, zu vergeben und mit Empathie zuzuhören
8. Herausforderungen schaffen, die groß genug sind (Flow-Erfahrungen erzeugen)
9. Die Freuden des Lebens genießen
10. Sich um das Erreichen wichtiger Ziele bemühen
11. Religion und Spiritualität praktizieren
12. Sich um den Körper kümmern und meditieren

4.4 Ermitteln Sie Ihr Glücksniveau

Glück kann man nicht kaufen oder durch eine einzige Handlung hervorrufen. Viele von uns haben den Mythos verinnerlicht, wir würden glücklich, wenn wir nur unsere Lebensumstände änderten. Aber wir erleben uns nicht als glücklich – zumindest nicht langfristig –, weil wir massenhaft Geld besitzen, weil wir den „richtigen" Job haben oder weil wir den „richtigen" Partner zum Heiraten gefunden haben. Glück entsteht durch wiederkehrende Tätigkeiten, die wir bereitwillig Tag für Tag beziehungsweise Woche für Woche wiederholen, ein Leben lang.

Lassen Sie uns erforschen, was genau Sie tun können, um aktiv Glück in Ihr Leben zu bringen. In ihrem Buch „Glücklich sein" beschreibt Sonja Lyubomirsky die bereits genannten und von ihr erforschten zwölf Strategien, um das Glücksniveau zu erhöhen. Dabei handelt es sich um Dinge, die wir alle tun können. Unten folgt ein Test, den ich ihrem Buch entnommen habe.[36] Der Test ist eine Möglichkeit, herauszufinden, was Sie jeden Tag aktiv tun können, um Ihr eigenes Glück zu erschaffen.

(Neben diesen Strategien gibt es natürlich andere Dinge, die zu unserem Glück beitragen können und zu denen vielleicht nicht einmal geforscht wurde, aber die deshalb nicht weniger wirkungsvoll sind.) Alle 52 Übungen, die Sie weiter hinten im Buch finden, können auf die eine oder andere Weise an diese Glücksstrategien gekoppelt werden. Machen Sie daher den unten stehenden Test, *bevor* Sie mit den Übungen beginnen oder *begleitend*, um Ihr Verständnis dafür zu stärken, was funktioniert, oder um Tipps zu erhalten. Und falls Sie einmal feststecken, erfahren Sie so, wie Sie weitermachen können.

4.5 Test – Ihre individuelle Glücksstrategie

Der selbstdiagnostische Test soll Ihnen helfen herauszufinden, welche Strategien am besten zu Ihnen passen. Durch eine systematische, empirisch basierte Methode wird bestimmt, welche der zwölf Glücksstrategien Ihnen den meisten Nutzen bringen. Nehmen Sie sich 15 bis 30 Minuten Zeit, sodass Sie den Test in aller Ruhe ausfüllen und sich konzentrieren können. Füllen Sie bitte alle Teile aus, damit die Antwort so genau wie möglich ist. Natürlich gibt es keine richtigen oder falschen Antworten, aber seien Sie so ehrlich und aufrichtig wie möglich.

Test zur persönlichen Abstimmung Ihres Glücksprogramms*

Betrachten Sie jede der folgenden zwölf Glücksaktivitäten. Überlegen Sie, wie es wäre, wenn Sie diese über einen längeren Zeitraum hinweg jede Woche ausüben würden. Bewerten Sie dann jede der Aktivitäten, indem Sie jedem der Begriffe **Natur**, **Freude**, **Wert**, **Schuld** und **Situation** 1 bis 7 Punkte geben und diese Punktzahl für jeden der Begriffe bei jeder Glücksaktivität notieren.

Wir tun Dinge aus unterschiedlichen Gründen. Bitte beurteilen Sie, warum Sie die entsprechenden Aktivitäten ausüben würden, und bewerten Sie dazu die fünf genannten Gründe. Verwenden Sie folgende Bewertungsskala:

1	2	3	4	5	6	7
trifft nicht zu			trifft irgendwie zu			trifft voll zu

Natur: Ich behalte diese Aktivität bei, weil sie meiner Natur entspricht. Ich kann sie mit Energie und Ausdauer verfolgen.

Freude: Ich behalte diese Aktivität bei, weil sie mir Freude bereitet. Sie erscheint mir dauerhaft interessant und anspruchsvoll.

Wert: Ich behalte diese Aktivität bei, weil sie mir wertvoll erscheint und ich mich mit ihr identifiziere. Ich gehe ihr gern nach, auch wenn sie mir nicht immer Spaß macht.

Schuld: Ich behalte diese Aktivität bei, weil es mir peinlich wäre oder ich mich schuldig oder unsicher fühlen würde, wenn ich sie aufgäbe.

Situation: Ich behalte diese Aktivität bei, weil man es von mir erwartet oder weil mich die Umstände dazu zwingen.

---

* Lyubomirsky, Sonja (2013): Glücklich sein. Warum Sie es in der Hand haben, zufrieden zu leben. © Campus Verlag, Frankfurt am Main, S. 82–86.

1. Entwickeln Sie Ihre Fähigkeit, Dankbarkeit zum Ausdruck zu bringen: Sie drücken entweder gegenüber sich selbst oder einem anderen Ihre Dankbarkeit aus für das, was Sie haben, oder Sie danken Menschen, denen Sie nie wirklich gedankt haben.

☐	☐	☐	☐	☐
Natur	**Freude**	**Wert**	**Schuld**	**Situation**

2. Seien Sie optimistisch: Sie führen ein Tagebuch, in dem Sie sich die bestmögliche Zukunft für sich selbst konkret ausmalen, und lernen, die positive Seite jeder Situation zu erkennen.

☐	☐	☐	☐	☐
Natur	**Freude**	**Wert**	**Schuld**	**Situation**

3. Vermeiden Sie Grübeleien und soziale Vergleiche: Sie lernen Strategien, um weniger über Ihre Probleme nachzugrübeln oder sich mit anderen zu vergleichen.

☐	☐	☐	☐	☐
Natur	**Freude**	**Wert**	**Schuld**	**Situation**

4. Seien Sie hilfsbereit: Sie tun anderen Menschen Gutes, ob Freunden oder Fremden, direkt oder anonym, spontan oder geplant.

☐	☐	☐	☐	☐
Natur	**Freude**	**Wert**	**Schuld**	**Situation**

5. Pflegen Sie Ihre sozialen Beziehungen: Sie kümmern sich um eine Beziehung, die Sie stärken möchten, und investieren Zeit, um diese Beziehung zu kitten, auszubauen, zu stärken und zu genießen.

☐	☐	☐	☐	☐
Natur	**Freude**	**Wert**	**Schuld**	**Situation**

6. Entwickeln Sie Bewältigungsstrategien: Sie lernen, unlängst erlebte Belastungen, Härten oder Traumata zu ertragen und zu überwinden.

☐	☐	☐	☐	☐
Natur	**Freude**	**Wert**	**Schuld**	**Situation**

7. Lernen Sie zu vergeben: Sie führen Tagebuch oder schreiben einen Brief, in dem Sie daran arbeiten, Ihren Ärger gegenüber Menschen loszulassen, die Sie verletzt oder Ihnen unrecht getan haben.

☐ **Natur** ☐ **Freude** ☐ **Wert** ☐ **Schuld** ☐ **Situation**

8. Schaffen Sie Flow-Erfahrungen: Sie suchen zu Hause und am Arbeitsplatz mehr Erfahrungen, in denen Sie aufgehen, die Sie fordern und alles von Ihnen verlangen.

☐ **Natur** ☐ **Freude** ☐ **Wert** ☐ **Schuld** ☐ **Situation**

9. Genießen Sie die Freuden des Lebens: Sie achten auf die Freuden und Wunder des Augenblicks, erfreuen sich an ihnen und erinnern sich an sie zurück, indem Sie nachdenken, schreiben, malen oder anderen davon erzählen.

☐ **Natur** ☐ **Freude** ☐ **Wert** ☐ **Schuld** ☐ **Situation**

10. Verwirklichen Sie Ihre Lebensträume: Sie entscheiden sich für ein, zwei oder drei wichtige Ziele und verwenden Zeit und Energie darauf, diese Ziele zu erreichen.

☐ **Natur** ☐ **Freude** ☐ **Wert** ☐ **Schuld** ☐ **Situation**

11. Beschäftigen Sie sich mit Religion und Spiritualität: Sie engagieren sich stärker in Ihrer Kirchengemeinde, Synagoge oder Moschee und lesen Bücher zu spirituellen Themen.

☐ **Natur** ☐ **Freude** ☐ **Wert** ☐ **Schuld** ☐ **Situation**

12. Sorgen Sie für Ihren Körper: Sie werden körperlich aktiv, meditieren, lächeln und lachen.

☐ **Natur** ☐ **Freude** ☐ **Wert** ☐ **Schuld** ☐ **Situation**

Und nun bestimmen Sie Ihren „Abstimmungswert“ und ermitteln die optimale Kombination Ihrer Aktivitäten gemäß der folgenden Anleitung:

Schritt 1:

Addieren Sie für jede der zwölf Aktivitäten Ihre Werte für NATUR, FREUDE und WERT und teilen Sie das Ergebnis durch 3. Addieren Sie dann Ihre Werte für SCHULD und SITUATION und teilen Sie das Ergebnis durch 2.

Ziehen Sie die zweite Summe von der ersten ab:

SUMME = (NATUR + FREUDE + WERT) / 3 – (SCHULD + SITUATION) / 2

Schritt 2:

Notieren Sie die vier Aktivitäten mit den höchsten Punktzahlen:

1		2	
3		4	

Datum: ....

4.6 Motivation

Man könnte sich darüber wundern, warum Motivation eine so zentrale Rolle im Glücksstrategietest spielt. Ist es nicht am wichtigsten, *was* wir tun, und nicht, *warum* wir es tun? Die Antwort ist ganz einfach: Wenn wir etwas als natürlich empfinden, fällt es uns leichter, es zu tun. Wenn wir darüber hinaus Freude an unserem Tun spüren oder uns stolz fühlen, dass wir in Übereinstimmung mit unseren Werten handeln, wird diese Strategie natürlich viel leichter aufzugreifen sein. Manchmal fühlen wir uns auch durch eine spannende Herausforderung beflügelt, die uns aus unserer Komfortzone lockt.

Äußerer oder innerer Zwang kann uns motivieren, aber nur über einen kurzen Zeitraum oder solange der Zwang anhält. Etwas aus einer Zwangsmotivation heraus zu tun, kann den unterhaltsamsten Tätigkeiten die Freude nehmen.

Schuld und Scham sind eine Art umgekehrte Motivation, weil wir viel dafür tun würden, diese Gefühle zu vermeiden.[37] Wenn wir von Schuldgefühlen getrieben handeln, werden wir keine Freude an der Tätigkeit haben, und das macht das Resultat quasi wertlos. Dasselbe gilt, wenn wir etwas aus der Angst heraus tun, eine Belohnung zu verlieren, oder weil wir sonst bestraft werden. Es spielt also wirklich nicht nur eine Rolle, was wir tun, sondern auch, was uns dazu antreibt.

5. Willkommen beim Glückstraining

5.1 Ein Jahr der Dankbarkeit

Es mag eine Legende sein, aber ich muss an etwas denken, das der Skirennläufer Ingemar Stenmark gesagt haben soll. Es heißt, nach einer Anzahl Siege im Slalom habe ein Journalist zu ihm gesagt:
„Was für ein Glück, dass Sie heute gewonnen haben!“

Woraufhin Ingemar Stenmark auf seine ruhige Art antwortete:
„Ja, es ist wirklich seltsam: Je mehr ich trainiere, desto mehr Glück habe ich …“

Es mag schwer zu glauben sein, aber auch unsere Fähigkeit, Dankbarkeit zu erleben, lässt sich trainieren. Als Unterstützung dafür biete ich Ihnen hier 52 Dankbarkeitsübungen an, eine für jede Woche des Jahres. Sie werden feststellen, dass sich bereits nach einigen Wochen Resultate bemerkbar machen. Wenn Sie einen genau für Sie passenden Trainingsplan entwickeln, wird sich dies auf Ihr Glücksniveau auswirken.

Bei einigen Übungen schlage ich vor, dass Sie sie während der Woche jeden Tag ausführen, andere nur einmal, eine erstreckt sich – mit Ergänzungen – über mehrere Wochen. Sie können mit den Übungen zu jeder beliebigen Zeit im Jahr beginnen, aber da die Übungen zum Teil aufeinander aufbauen, schlage ich vor, dass Sie in jedem Fall bei Woche 1 starten. Wenn es Ihnen mehr gibt, können Sie eine Übung natürlich länger als eine Woche durchführen oder auch eine Übung überspringen, die so gar nicht zu Ihnen passt. Manche Übungen werden mehrere Male zu unterschiedlichen Gelegenheiten wiederholt, um Ihnen zu helfen, noch mehr Nutzen daraus zu ziehen. Vergessen Sie nicht, dass nicht die *Menge* der Übungen Sie glücklich macht, sondern dass die Ergebnisse davon abhängig sind, *wie* Sie sie durchführen.

Die Übungen sind Vorschläge dafür, wie Sie ein Gefühl von Dankbarkeit pflegen und nähren können, und sie inspirieren auf unterschiedliche Weise dazu, Wertschätzung gegenüber sich selbst und anderen zu äußern. Es handelt sich außerdem um praktische Werkzeuge mit dem Potenzial, Ihnen zu mehr Glückserlebnissen zu verhelfen.

Versuchen Sie, Ihren eigenen Weg zu finden, um mehr Dankbarkeit in Ihrem Leben willkommen zu heißen. Wodurch wir uns glücklich fühlen, ist individuell unterschiedlich. Unsere Fähigkeit zur Anpassung spielt uns häufig einen Streich, beobachten Sie also aufmerksam, ob Sie die Übungen als mechanische Routine durchführen. Wenn Sie fühlen, dass Sie nicht zum Kern der Dankbarkeit vordringen, selbst wenn Sie eine Übung eine Zeit lang durchgeführt haben, könnte es sein, dass diese Aufgabe schlicht nicht zu Ihnen passt. Es ist jedoch wahrscheinlicher, dass sie wertvoller für Sie wird, wenn Sie stattdessen eine Variante üben. Vielleicht setzen Sie sich auch selbst unter Druck, es „richtig zu machen" – so verschwindet leicht die Freude. Experimentieren Sie ein wenig: Führen Sie die Übung seltener oder mit einer anderen Einstellung durch.

Die Forschung hat gezeigt, dass es manchen Menschen am meisten gibt, Dankbarkeitstagebücher einmal am Tag zu schreiben, für andere ist der beste Rhythmus alle zwei Tage und wieder andere finden es am nützlichsten, nur einmal pro Woche zu schreiben. Manche erleben tiefere Dankbarkeit im Gespräch mit anderen – dann empfehle ich, häufiger die Übungen durchzuführen, in denen man Wertschätzung „live" äußert oder annimmt. Andere Menschen wiederum haben mehr davon, sich täglich eine Stunde Zeit für sich selbst zu nehmen.

Eine weitere Methode, eine Verbindung zur Dankbarkeit herzustellen, besteht darin, für einige Sekunden ganz still zu sein und einige Male innerlich zu sich selbst „Danke!" zu sagen. Dieses kleine Wort macht uns bereit, uns für Dankbarkeit zu öffnen.

Ich schlage vor, dass Sie sich im Vorfeld einer Übung selbst fragen, ob Sie sie in diesem Moment wirklich ausführen wollen oder nur glauben, sie *sollten* es tun. Sich an Ihre Wahlfreiheit zu erinnern gibt Ihnen in der Dankbarkeitsübung Kraft. Es kann Ihnen auch verdeutlichen, welche Glücksstrategien am besten zu Ihnen passen.

Wenn ich meine Dankbarkeit daran kopple, welche *Bedürfnisse* erfüllt werden, stelle ich wieder und wieder fest, wie sich die Dankbarkeitsgefühle vertiefen. Ich ziehe mehr Energie daraus, sowohl auf die Bedürfnisse zu achten als auch darauf, *wofür* ich dankbar bin. Bevor Sie eine Übung sein lassen, weil Sie nicht so viel Nutzen daraus ziehen, überprüfen Sie erst, ob Sie eine Verbindung mit den Bedürfnissen aufgenommen haben, die sich hinter der zu erforschenden Dankbarkeit verbergen. Besonders bei den Übungen, in denen es konkret um Bedürfnisse geht, ist es wertvoll, sich genug Zeit zum Innehalten zu nehmen, um nicht nur daran zu *denken,* was die Bedürfnisse sind, sondern sich auch von ihrer Essenz *berühren* zu lassen.

Möglicherweise haben Sie durch den Test zu den Glücksstrategien auf Seite 78 ff. festgestellt, welche Arten von Strategien am besten zu Ihnen passen. Wenn Sie Übungen wählen, in denen sich diese Strategien widerspiegeln, merken Sie vielleicht direkt eine positivere Wirkung und fühlen sich so motiviert, auch mit den Übungen fortzufahren, die Ihnen zunächst ungewohnt oder sogar unangenehm erscheinen mögen oder die Sie als „schwammig" beurteilen.

Damit es Ihnen gelingt, mehr Dankbarkeit in Ihr Leben einzuladen, ist Unterstützung aus dem Umfeld unbezahlbar. Als wir die Übungen testeten, wirkte es enorm fördernd, wenn die Teilnehmer sich den anderen mitteilen und sich über das Gelernte austauschen konnten. So erhielten Sie Anregungen, was zu tun ist, wenn man feststeckt, oder welche empfehlenswerten Varianten es gibt. Sie könnten ebenfalls eine Gruppe versammeln (Freunde, Arbeitskollegen, Familienmitglieder), um die Dankbarkeit gemeinsam zu erforschen. Vielleicht treffen Sie sich dazu persönlich, via Internet oder Sie tauschen sich in einer anderen Form aus, etwa telefonisch. Wenn Sie keine Gruppe von Menschen haben, um das Programm gemeinsam durchzuführen, haben Sie vielleicht einen „Glücksfreund". Erzählen Sie außerdem Ihrer Familie und Ihren Freunden und Bekannten, was Sie vorhaben. Es glückt uns in erheblich höherem Maße, unsere Gewohnheiten zu ändern, wenn wir unsere Pläne nicht für uns behalten, sondern andere davon in Kenntnis setzen.

Um maximalen Nutzen aus dem Programm zu ziehen, ist es wertvoll, dass Sie sich wirklich dafür entscheiden, es über einen längeren Zeitraum hinweg durchzuführen. Wenn Sie mögen, setzen Sie sich einige Ziele, etwa wie lange Sie gewisse Übungen machen wollen, und halten Sie regelmäßig inne, um auszuwerten, wie es läuft.

Vergessen Sie nicht: Glück ist nichts, was wir bekommen oder finden, es ist etwas, das wir schaffen. Es entsteht durch die Art und Weise, wie wir unseren Alltag gestalten. Machen Sie sich bereit, einige Werkzeuge kennenzulernen, mit deren Hilfe Sie Dankbarkeit und Glück in Ihren Lebensstil integrieren.

Vorbereitung

- Nehmen Sie sich Zeit, um sich ernsthaft zu fragen, was Sie motiviert, bevor Sie mit den Übungen beginnen. Wonach sehnen Sie sich, wovon möchten Sie mehr in Ihrem Leben haben, was hoffen Sie durch die jeweilige Übung zu bekommen?
- Schaffen Sie sich gern ein besonderes „Dankbarkeitstagebuch" an, in dem Sie Wertschätzung, Einsichten und mehr eintragen.
- Führen Sie den Glücksstrategietest (S. 78 ff.) durch – Sie erfahren mehr darüber, welche Glücksstrategien zu Ihnen passen, und erhalten Klarheit, wie Sie die Motivation aufrechterhalten können.

Glücksauswertung 1

Füllen Sie den Glückstest (S. 165 ff.) aus und bewahren Sie die Antworten mindestens für einen Monat auf oder so lange, bis Sie den Test ein weiteres Mal durchführen. Wenn Sie den Test ein zweites Mal gemacht haben, vergleichen Sie die Werte mit denen des ersten Durchgangs und so weiter. Markieren Sie gern ein Datum in Ihrem Kalender, um sich daran zu erinnern, dies im Verlauf von sechs bis zwölf Monaten einmal monatlich zu tun.

Gebrauchsanweisung

1. Das Buch beinhaltet einen Trainingsplan für 52 Wochen, aber Sie können die Übungen seltener, öfter oder – wenn es Ihnen besser passt – über einen längeren Zeitraum hinweg durchführen.
2. Ein Teil der Übungen baut auf vorangegangen Aufgaben auf, beginnen Sie also am besten mit Übung 1.
3. Vergessen Sie nicht: Es ist zentral, sich von jeder Übung berühren zu lassen. Es geht nicht darum, so viele Übungen wie möglich zu absolvieren.
4. Gibt Ihnen eine Übung besonders viel, fühlen Sie sich frei, sie so lange fortzusetzen, wie Sie mögen. Viele Übungen wiederholen sich übrigens, manchmal in gleicher Form, manchmal mit einem Zusatz oder in einer Variante.
5. Wenn Sie für eine bestimmte Übung einfach keine Motivation finden, kehren Sie zurück zu der Übung, die Ihnen am sinnvollsten erschien oder die Ihnen am meisten Spaß gemacht hat.
6. Sollten Sie die Motivation für eine Übung verlieren, kehren Sie zurück zum Glücksstrategietest, um herauszufinden, welche anderen Übungen Sie stattdessen durchführen könnten. Lesen Sie auch das Kapitel „Wenn das Feuer der Motivation verglimmt".
7. Ist Ihr Tagesablauf eher unregelmäßig, können Sie, statt die Übungen jeden Tag zu machen, einen bestimmten Zeitraum einmal in der Woche festlegen.
8. Reflektieren Sie regelmäßig darüber, ob Sie die Übungen aus einem Grund durchführen, der Sie nicht nährt. Beispielsweise weil Sie auf eine Belohnung hoffen, aus Schuld oder aus Angst vor Bestrafung.
9. Wollen Sie wachsen, führen Sie die Übungen auch dann durch, wenn sie Ihnen komisch, ungewohnt oder schwammig erscheinen.

5.2 52 Übungen, die Ihre Dankbarkeitsmuskeln stärken

Woche 1

Dankbarkeitstagebuch

Nehmen Sie sich Zeit – gern jeden Tag, mindestens aber an drei Tagen in dieser Woche –, Dinge aufzulisten, die Sie wertschätzen. Notieren Sie jedes Mal mindestens drei Punkte (gern auch mehr). Überlegen Sie für sich, ob es Ihnen am besten passt, dies am Morgen zu tun, am Abend, bevor Sie schlafen gehen, oder zu einer anderen festgelegten Zeit des Tages. Schreiben Sie dann spontan, ohne lange nachzudenken, fünf bis zehn Minuten lang.

Dies ist eine grundlegende, Dankbarkeit stimulierende Übung, zu der Sie jederzeit zurückkehren können, wenn Sie mit einer der anderen Übungen nicht warm werden.

Lesen Sie die Liste dann Punkt für Punkt durch und notieren Sie, wie es sich anfühlt, wenn Sie sich selbst an das erinnern, was Sie schätzen und wofür Sie dankbar sind. Bewahren Sie die Liste auf, sodass Sie sie in der folgenden Woche und während des restlichen Jahres in anderen Übungen nutzen können.

Schreiben Sie am Ende der Woche gern eine Zusammenfassung dessen, was Ihnen aufgefallen ist.

Bevor Sie zu schreiben beginnen, füllen Sie den Glückstest (Seite 165 ff.) aus. So erhalten Sie über die Dauer des Trainings Feedback, ob Ihre Bemühungen fruchten.

Variante: Ich möchte Ihnen zeigen, wie Sie diese erste Übung variieren können, wenn Sie nicht den gewünschten Effekt aus der Übung ziehen oder wenn Sie ein inneres oder äußeres Bedürfnis spüren, Leistung zu erbringen, bzw. es „richtig" zu machen. Sie können die Übung beispielsweise abwandeln, indem Sie das Dankbarkeitstagebuch über mehrere Wochen am Stück schreiben. Tun Sie dies ein- bis siebenmal während der Woche. Nehmen Sie sich Zeit, im Anschluss darüber nachzudenken. Das kann Dankbarkeit gegenüber sich selbst oder gegenüber anderen und deren Handeln sein, Dankbarkeit für etwas, das es jetzt in Ihrer näheren Umgebung gibt, oder für etwas, das früher in ihrem Leben passiert ist.

Schreiben Sie mindestens einmal pro Woche und reflektieren Sie aufmerksam, ob häufigeres Schreiben Ihnen helfen könnte. Sollten Sie einen Widerwillen gegen das Schreiben spüren oder merken, dass es Ihnen zur Routine wird, reduzieren Sie die Frequenz. Das Schreiben führt optimalerweise dazu, dass Sie Freude spüren und Lust haben zu feiern.

Sollten Sie nur ungern schreiben, können Sie stattdessen die Zeit nutzen, um sich einfach auf das zu konzentrieren, wofür Sie dankbar sind. Vielleicht für etwas, das

Sie gewöhnlich als selbstverständlich hinnehmen, oder aber etwas, dass Sie jedes Mal schätzen, wenn Sie daran denken.

Ich merkte, dass es mir an manchen Tagen schwerfiel, meine Wertschätzung „einzufangen“. Erst als ich darauf achtete, mein Dankbarkeitstagebuch griffbereit zu haben, sodass ich immer wieder einige Worte schreiben konnte, fühlte ich einen Effekt.

(Johan)

Wenn ich wirklich tiefe Dankbarkeit erfahren möchte, macht es einen Unterschied für mich, wie spezifisch ich bin. Beispielsweise kann ich Wertschätzung für Wasser im Allgemeinen fühlen und Wasser stimuliert mich in unterschiedlichen Formen. Aber will ich eine tiefe Verbindung herstellen, ist es ein spezielles Wasser, das ich im Sinn habe, etwa das schwappende Wasser an der Brücke beim Kanu-Club.

(Brigitta)

Diese Übung ist besonders geeignet, wenn Sie hohe Punktzahlen bei folgenden Glücksstrategien haben:

1 (Fähigkeit zur Dankbarkeit)
2 (Optimismus kultivieren)
9 (Die Freuden des Lebens genießen)

Woche 2

Dankbarkeit genießen

Nehmen Sie sich Ihre Liste aus der vergangenen Woche vor und ergänzen Sie sie gegebenenfalls. Wählen Sie in dieser Woche jeden Tag einen bis drei Punkte aus der Liste aus, die Sie besonders wertschätzen. Notieren Sie, wie es sich anfühlt, sich darauf zu konzentrieren. Wenn das Gefühl deutlich wird, schreiben Sie auf, welche Bedürfnisse durch das, wofür Sie dankbar sind, erfüllt wurden. Hier kann Sie eventuell die Liste der Bedürfnisse am Ende des Buches unterstützen.

Überlegen Sie sich den für Sie günstigsten Zeitpunkt für diese Übung: am Morgen, am Abend vor dem Schlafengehen oder zu einem anderen festen Zeitpunkt des Tages? Vielleicht möchten Sie die Liste der Dinge, die Ihre Dankbarkeit wecken, an einer leicht zugänglichen Stelle aufhängen, sodass Sie sie während der folgenden Wochen immer wieder lesen können. Schreiben Sie gern eine Zusammenfassung dessen, was Sie im Verlauf dieser Woche erfahren haben.

Ich bemerkte, wie ich an der Vorstellung festhielt, manche Dinge müssten noch immer etwas Bestimmtes für mich bedeuten. Das wurde wirklich anders, als ich mir Zeit nahm, Kontakt zu den Bedürfnissen herzustellen, die an diesem Tag erfüllt worden waren. So erhielt ich eine tiefere Verbindung und ein stärkeres Gefühl von Dankbarkeit.

(Johan)

Für mich ist es schön, den Tag mit dieser Übung zu beginnen. Ich glaube, dass sie den ganzen Tag über auf mich wirkt, mir mehr Achtsamkeit schenkt und mich meinen eigenen Bedürfnissen und denen anderer näherbringt.

(Birgitta)

Diese Übung ist besonders geeignet, wenn Sie hohe Punktzahlen bei folgenden Glücksstrategien haben:

2 (Optimismus kultivieren)
6 (Bewältigungsstrategien entwickeln)
9 (Die Freuden des Lebens genießen)

Woche 3

Wertschätzung gegenüber anderen

Nehmen Sie sich in dieser Woche jeden Tag etwas Zeit, um darüber nachzudenken, was eine bestimmte Person in Ihrem Umfeld getan hat, das Sie wirklich schätzen. Stellen Sie eine Verbindung mit Ihren Bedürfnissen her, die durch das Handeln dieser Person erfüllt wurden. Öffnen Sie sich und lassen Sie sich wahrhaftig von dem, was die Person getan hat, und den damit verbundenen Bedürfnissen berühren. Vielleicht gelingt Ihnen dies besonders gut, indem Sie einen tiefen Atemzug nehmen und Ihren Fokus auf den Bereich rund um Ihr Herz richten.

Denken Sie darüber nach, ob es Ihnen am besten passt, diese Übung am Morgen, abends vor dem Schlafengehen oder zu einem anderen Zeitpunkt durchzuführen. Vielleicht ist es Ihnen auch lieber, die Wertschätzung nicht jeden Tag, sondern ein oder mehrmals im Verlauf der Woche niederzuschreiben.

Formulieren Sie Ihre Wertschätzung, als wollten Sie sie der Person erklären, der sie gilt. Bewahren Sie das Geschriebene auf.

Durch diese Übung verstand ich, dass ich jemanden wirklich schätzen kann und es mir dennoch Schwierigkeiten bereitet, Worte zu finden, um diesem Gefühl Ausdruck zu verleihen. Nur weil jemand keine Wertschätzung äußert, bedeutet das nicht, dass er oder sie keine Dankbarkeit fühlt.

(Elizabeth)

Diese Übung ist besonders geeignet, wenn Sie hohe Punktzahlen bei folgenden Glücksstrategien haben:

2 (Optimismus kultivieren)

4 (Hilfsbereit sein)

Woche 4

Äußern Sie Ihre Wertschätzung

Sagen Sie in dieser Woche mindestens einmal pro Tag etwas Wertschätzendes zu jemandem in Ihrer Umgebung. Sie können aus dem wählen, was Sie in der vergangenen Woche aufgeschrieben haben, oder etwas anderes Wertschätzendes äußern, das Sie dem Betreffenden vermitteln möchten. Nutzen Sie gern verschiedene Gelegenheiten und wenden Sie sich an verschiedene Personen. Notieren Sie später, wie das Kommunizieren Ihrer Wertschätzung und die Reaktion des Gegenübers auf Sie wirken.

Stellen Sie eine Verbindung mit der Person her, der Sie Wertschätzung entgegenbringen möchten, und erzählen Sie, was Sie diesen Menschen haben tun sehen oder sagen hören. Formulieren Sie, was Sie fühlen, wenn Sie daran denken, und welche Bedürfnisse durch das Handeln des anderen erfüllt wurden.

Vielleicht möchten Sie die Person auch fragen, wie es für sie ist, die Wertschätzung zu hören. Sollte es nicht möglich sein, direkt miteinander zu sprechen, dann können Sie die Person auch anrufen oder ihr einen Brief schreiben.

Schreiben Sie am Ende der Woche eine Zusammenfassung für sich und notieren Sie, was Sie durch die Übung erfahren haben.

Ich spüre, wie sehr ich diese Übung mag. Es macht mich innerlich so heiter, Wertschätzung zu geben, die zu äußern mir wichtig ist. Ich erzähle gern davon, wenn jemand etwas getan oder gesagt hat, was mich berührt. Ich weiß nicht, wer mehr Nutzen daraus zieht – die anderen oder ich selbst.

(Linda)

Diese Übung ist besonders geeignet, wenn Sie hohe Punktzahlen bei folgenden Glücksstrategien haben:

2 (Optimismus kultivieren)
4 (Hilfsbereit sein)
5 (Beziehungen pflegen)
7 (Lernen zu vergeben)

Woche 5

Sich selbst wertschätzen

Nehmen Sie sich in dieser Woche täglich oder mindestens dreimal etwas Zeit, um sich selbst Wertschätzung entgegenzubringen.

Jedes Mal, wenn Sie etwas getan haben, das Sie sehr schätzen, schreiben Sie es auf. Das kann eine Handlung aus den vergangenen 24 Stunden sein oder aber etwas, das Sie bereits vor langer Zeit taten. Ob groß oder klein, spielt dabei keine Rolle.

Stellen Sie dann eine Verbindung zu den Bedürfnissen her, die durch Ihr Handeln erfüllt wurden. Nehmen Sie auch Kontakt mit den Gefühlen auf, die in Ihnen geweckt werden, wenn Sie an die Wertschätzung denken. Entscheiden Sie für sich, ob Sie dies am liebsten morgens, am Abend vor dem Zubettgehen oder zu einer anderen Tageszeit machen möchten.

Schreiben Sie am Ende der Woche eine Zusammenfassung Ihrer Reflexionen. Kommunizieren Sie Wertschätzung anderen gegenüber anders als gegenüber sich selbst? Falls ja: Wo liegt der Unterschied? Oder gibt es gar keinen, ähnelt sich beides?

Wenn Sie diese Übung als Herausforderung empfinden, lesen Sie das Kapitel unter der Überschrift „Eigenlob stinkt“ auf Seite 66.

Wann habe ich zuletzt innegehalten und Danke zu mir selbst gesagt? Die Frage trifft mich wie ein Dolch. Wie oft halte ich inne und staune darüber, was ich alles schaffe, was ich alles auf die Reihe bekomme? Nicht oft, schließlich habe ich es so wahnsinnig eilig, die nächste Sache zu erledigen. Leistung zu erbringen ist für mich zu so etwas Zentralem geworden. Es ist schön, auch mal innezuhalten und nur zu sein.

(Elisabeth)

Diese Übung ist besonders geeignet, wenn Sie hohe Punktzahlen bei folgenden Glücksstrategien haben:

3 (Vergleiche und Grübeleien vermeiden)
6 (Bewältigungsstrategien entwickeln)
9 (Die Freuden des Lebens genießen)

Glücksauswertung 2

Füllen Sie im Verlauf der Woche den Glückstest (S. 165 ff.) aus und verwahren Sie die Ergebnisse an einer Stelle, an der Sie sie leicht wiederfinden. Vergleichen Sie die Werte mit dem Ergebnis aus dem ersten Durchgang. Fügen Sie Ihrem Kalender gern eine Notiz hinzu, sodass Sie daran denken, den Test im Verlauf von sechs bis zwölf Monaten mindestens einmal monatlich zu machen.

Woche 6

Dankbarkeitstagebuch

In dieser Woche kehren wir zurück zum Dankbarkeitstagebuch, mit dem wir in Woche 1 begonnen haben. (Lesen Sie den Text dazu gern noch einmal durch.) Schalten Sie einen Gang runter und erlauben Sie sich, die so geweckte Dankbarkeit zu genießen. Fahren Sie fort niederzuschreiben, wofür Sie dankbar sind. Vielleicht münden Ihre Reflexionen ja in etwas, das einem Gedicht ähnelt, wie folgender Text.

Ich lebe in Dankbarkeit.

Ich bin dankbar, dass es mich in diesem Leben gibt.

Ich bin dankbar für die Eigenschaften und Fähigkeiten, die ich bekommen habe, und dafür, dass ich als die Person geboren wurde, die ich bin. Ich bin dankbar für die Familie, die ich habe, und die Freunde, die ich im Laufe meines Lebens treffen durfte. Ich bin dankbar für alle, die meinen Weg gekreuzt und mich dadurch etwas Schönes gelehrt haben.

Ich bin dankbar für die Möglichkeit, mein ganz individuelles Potenzial im Leben verwirklichen zu können. Ich bin dankbar für alle Erfahrungen, die ich machen durfte und die ich noch immer Tag für Tag mache.

Ich bin dankbar für die Fähigkeit, das Leben und die mich umgebende Schönheit zu genießen. Ich bin dankbar, dass ich lachen und mich an meiner Umwelt erfreuen kann.

Ich bin dankbar für meine Träume, die mir Lust machen, und für die Liebe, die ich für mich selbst verspüre, für die Menschen, die mir nahestehen, und in Zeiten allumfassender Dankbarkeit sogar für das ganze Universum.

Ich bin dankbar für das Gefühl von Sinn, das ich wahrnehme, und die Führung, die ich erlebe und die mir Tag für Tag neue spannende Erfahrungen schenkt.

Danke.[38]

Ich habe mich schon mehrere Mal an Dankbarkeitstagebüchern versucht, aber die Sache kam nie richtig in Fluss. Doch ich habe eine andere Methode gefunden, die für mich sehr gut funktioniert: Ich habe es mir zur Gewohnheit gemacht, jeden Abend, wenn ich im Bett liege, die Hände zu falten und laut oder leise für das zu danken, was während des Tages passiert ist, oder für Dinge aus der Vergangenheit, für die ich dankbar bin. Dabei spüre ich nach, welche Bedürfnisse erfüllt wurden. Ich spreche mit Gott!!!

(Carola)

Mir ist bewusst geworden, dass ich nach stressigen Tagen mehr Dinge benennen kann, für die ich dankbar bin. Wenn ich vor Herausforderungen stehe, muss ich häufiger um Hilfe bitten und sehe deutlicher, wie sehr mein Leben mit dem anderer Menschen verwoben ist und wie groß die Bereitschaft der anderen ist, mir zu helfen, sodass ich bekomme, was ich benötige.

(Linda)

Diese Übung ist besonders geeignet, wenn Sie hohe Punktzahlen bei folgenden Glücksstrategien haben:

2 (Optimismus kultivieren)
3 (Vergleiche und Grübeleien vermeiden)
9 (Die Freuden des Lebens genießen)

Woche 7

Nichts tun

„So viele Menschen haben Angst vor der Stille.
Wenn sie nur für einige Augenblicke zu lauschen wagten, würden sie entdecken,
dass die Stille gar keine Stille ist.
Sie würden bemerken, dass Stille ein unterirdischer Wassergesang ist,
ein tiefer Fluss sprechender Wahrheit, der nie zu strömen aufhört.
Sie würden bemerken, dass die Stille alles Leben mit liebevollen Händen umfasst,
es mit stiller Gedankentiefe wässert, es zum Wachsen bringt.
Sie würden bemerken, dass Stille die ewige Mutter ist, die an der Wiege des Lebens wacht.“

(Maria Vine)

Nehmen Sie sich in dieser Woche täglich fünf Minuten Zeit, während derer Sie nichts tun. Wenn Sie mögen, lesen Sie zuvor den Text über den Sabbat (S. 31 ff.). Mit körperlichem Training ist es wie mit dem Anpflanzen: Während wir ausruhen, wächst die Saat heran, sodass wir sie ernten können. Das Gleiche gilt für dieses „Trainingsprogramm“.

Stellen Sie sich am besten einen Wecker, sodass Sie sich nicht auf die Zeit konzentrieren müssen.

Schreiben Sie nach Ablauf der Übungswoche eine reflektierende Zusammenfassung, in der Sie notieren, was in Ihrem Herzen geschieht und wie sich das Üben auf Ihr Gefühl von Dankbarkeit auswirkt.

Ich habe mehrmals im Verlauf der Woche gedacht, dass fünf Minuten sehr lang sind. Um nicht an die Zeit denken zu müssen, stellte ich mir ein sanftes Signal auf meinem Handy ein. Das machte es mir leichter, völlig zu entspannen.

Nach nur einer Minute der Stille fühlte ich mich klar. An diesem Punkt war es zunächst eine Herausforderung, weiter in der Stille zu verharren, aber am Ende der Woche konnte ich es genießen.

(Katarina)

Diese Übung ist besonders geeignet, wenn Sie hohe Punktzahlen bei folgenden Glücksstrategien haben:

6 (Bewältigungsstrategien entwickeln)
8 (Flow-Erfahrungen erzeugen)
9 (Die Freuden des Lebens genießen)
11 (Religion und Spiritualität)
12 (Sich um den Körper kümmern)

Woche 8

Wertschätzung annehmen

Stellen Sie sich vor, jemanden in Ihrem Umfeld zu fragen, ob er etwas, das Sie gesagt oder getan haben, besonders schätzt. Was fühlen Sie, wenn Sie daran denken, um Wertschätzung zu bitten? Von welchen Bedürfnissen erzählen diese Gefühle?

Nehmen Sie sich ein- oder mehrmal im Verlauf dieser Woche etwas Zeit, um niederzuschreiben, für welche Ihrer Handlungen Sie sich Wertschätzung wünschen würden. Welche Art von Wertschätzung möchten Sie gern von jemandem aus Ihrem Umfeld hören? Denken Sie nach: Warum ist gerade dies Ihnen so wichtig? Stellen Sie sich vor, wie jemand Ihnen diese Wertschätzung schenkt: Welche Ihrer Bedürfnisse würden dadurch erfüllt? Was fühlen Sie, wenn Sie eine Verbindung zu diesen Bedürfnissen herstellen?

Sie können diese Übung variieren oder besser gesagt: vertiefen, indem Sie sich die niedergeschriebene Wertschätzung laut vorlesen. Nehmen Sie sich Zeit und lassen Sie sich berühren.

Ein kleiner Teufel sitzt auf meiner Schulter und ruft: „Das bist du gar nicht wert" und: „Warum solltest du etwas bekommen, das so viele andere nie erleben werden ...?" Gedanken daran, was ich „verdiene", rasen durch meinen Kopf wie ein Schnellzug. Seufz!

Ich freue mich wirklich darauf, diese Gedanken in den Griff zu bekommen. Allein die Vorstellung, die guten Gaben des Lebens zu bejahen, indem ich Wertschätzung erhalte und gebe, wärmt und nährt mich.

(Lennart)

Manchmal trauere ich, weil ich vergessen habe, Wertschätzung zu äußern. Dann ist es schön, von jemandem darum gebeten zu werden. So können wir beide uns das Schöne in der Begegnung bewahren. Daran erinnere ich mich selbst, wenn sich etwas in mir dagegen sträubt, andere zu fragen, ob sie meine Wertschätzung hören möchten.

(Maria)

Diese Übung ist besonders geeignet, wenn Sie hohe Punktzahlen bei folgenden Glücksstrategien haben:

3 (Vergleiche und Grübeleien vermeiden)
5 (Beziehungen pflegen)
6 (Bewältigungsstrategien entwickeln)
9 (Die Freuden des Lebens genießen)

Woche 9

Um Wertschätzung bitten

Bitten Sie eine oder mehrere Personen in Ihrem Umfeld, Ihnen zu sagen, was sie an Ihnen schätzen. Vielleicht nehmen Sie dabei Bezug auf etwas, das Sie vergangene Woche niedergeschrieben haben. Bitten Sie am besten jeden Tag eine andere Person um ihre Wertschätzung.

Sollte Ihnen an der geäußerten Wertschätzung etwas unklar sein, bitten Sie die Person, zu verdeutlichen, was Sie gesagt oder getan haben, das der andere schätzt. Stellen Sie Vermutungen darüber an, welche Bedürfnisse Ihres Gegenübers durch Ihre Handlungen erfüllt wurden, und überprüfen Sie Ihre Vermutungen, indem Sie danach fragen. Nehmen Sie sich etwas Zeit, um zu notieren, wie es sich für Sie anfühlt, die Wertschätzung zu hören.

Wenn wir nachfragen, welche Bedürfnisse durch unseren Beitrag befriedigt wurden, können wir die Wertschätzung von Manipulationsstrategien unterscheiden und schließlich den Verdacht loslassen, der andere verfolge mit seiner Wertschätzung eine Agenda. Vielleicht hilft es Ihnen auch, sich selbst daran zu erinnern, dass Sie anderen mit Ihrer Frage das schöne Gefühl ermöglichen, jemandem Wertschätzung entgegenzubringen.

Einige Tipps, wie Sie Ihre Bitte formulieren können, wenn es Ihnen schwerfällt

Am Arbeitsplatz können Sie zu einem Kollegen sagen:
Ich frage mich, ob ich etwas getan habe, das dir gefallen hat. Vielleicht heute oder in letzter Zeit?

Wenn er oder sie verblüfft reagiert, könnten Sie ergänzen:
Ich frage, weil ich erfahren möchte, wie ich für andere einen Beitrag leisten kann und wie mein Tun andere beeinflusst. Magst du dazu etwas sagen?

Oder:
Gerade jetzt fühle ich mich unsicher, ob ich mit meiner Arbeit etwas beitrage. Erinnerst du dich an etwas, das ich gesagt oder getan habe, das dich auf irgendeine Art und Weise bereichert hat?

Ihre Freunde oder jemanden, der Ihnen nahesteht, können Sie womöglich fragen:
Magst du erzählen, ob ich dein Leben auf irgendeine Art verschönert habe?

Oder:
Magst du erzählen, ob ich heute irgendeinen Beitrag für dich geleistet habe?

Wenn der andere etwas nennt, an das Sie sich gut erinnern, können Sie darüber hinaus raten, wie dies die Person bereichert hat. Versuchen Sie, sich in die Gefühle und Bedürfnisse Ihres Gegenübers hineinzuversetzen.

Wollen Sie ein kleines Kind fragen, können Sie es so versuchen:
Papa ist neugierig. Hat Papa heute etwas getan, was du mochtest?

Machen Sie sich bereit, eine erstaunliche Antwort zu erhalten ...

Im Laufe der Woche fiel mir auf, wie viele Personen froh darüber waren, dass ich fragte. Das hatte ich nicht erwartet, obwohl ich mich selbst freue, wenn mich jemand um Wertschätzung bittet. Es erstaunt mich besonders, wenn ich an all die widerstreitenden Kräfte denke, die in uns wirken.

(Elisabeth)

Wenn ich manchmal betrauere, dass ich vergessen habe, mich für etwas wertschätzend zu äußern, ist es wahnsinnig schön, danach gefragt zu werden.

(Marianne)

Ich freue mich über die Erinnerung daran, dass ich nach Wertschätzung fragen kann. Nichtsdestotrotz war ich zu Beginn etwas ängstlich, aber dann wurde es zu einer unglaublich wertvollen Erfahrung.

(Maria)

Diese Übung ist besonders geeignet, wenn Sie hohe Punktzahlen bei folgenden Glücksstrategien haben:

3 (Vergleiche und Grübeleien vermeiden)
5 (Beziehungen pflegen)
6 (Bewältigungsstrategien entwickeln)

Woche 10

Danke für heute!

Who feeds the birds?
Who rises the sun?
Who makes the moon shine?
Why do you worry so?
Do you give the sunset a standing ovation
For once again, performing a miracle right
before your eyes?
And do you anoint the river
with blessings for flowing year after year?

Wer füttert die Vögel?
Wer lässt die Sonne aufgehen?
Wer lässt den Mond scheinen?
Warum sorgst du dich so?
Gibst du dem Sonnenuntergang stürmischen
Applaus
Weil er wieder einmal – genau vor deinen Augen –
ein Wunder vollführt hat?
Und heiligst du den Fluss, weil er Jahr um Jahr fließt?

Diese Übung lässt sich besonders gut am Abend durchführen, zum Beispiel kurz bevor Sie einschlafen. Konzentrieren Sie sich auf die Ereignisse vom Tage, für die Sie dankbar sind. Sie können Ihren Dank laut aussprechen oder aber nur daran denken. Vielleicht fällt es Ihnen leichter, sich zu fokussieren, wenn Sie aufschreiben, was am Tage geschehen ist, was Sie schätzen und was dazu führte, dass es geschehen konnte. Für manche Menschen ist es am einfachsten, sich vorab zu entscheiden, wie viele Dinge Sie niederschreiben wollen – ich schlage vor, drei bis fünf. Nehmen Sie sich anschließend etwas Zeit, um zu genießen. Verbinden Sie die Geschehnisse des Tages dann mit Bedürfnissen, die erfüllt wurden, das macht es noch leichter, sich darüber zu freuen.

Vielleicht möchten Sie diese Übung lieber zusammen mit Ihren Kindern oder jemand anderem aus der Familie machen und gemeinsam für den Tag danken. Tun Sie dies im Verlauf der Woche jeden Tag oder so oft, wie es sich gut und motivierend anfühlt.

Ein Effekt dieser Übung war, dass ich wacher für die Dinge wurde, für die ich Wertschätzung erhielt, und auch für die Dinge, für die ich Wertschätzung gab. Und ich habe es genossen.

(Maria)

Oh, wie viel es doch gibt, wofür man dankbar sein kann. I'm blown away!

(Linda)

Diese Übung ist besonders geeignet, wenn Sie hohe Punktzahlen bei folgenden Glücksstrategien haben:

1 (Fähigkeit zur Dankbarkeit)
2 (Optimismus kultivieren)
9 (Die Freuden des Lebens genießen)
11 (Religion und Spiritualität)

Woche 11

Jemandem Wertschätzung entgegenbringen

Äußern Sie in dieser Woche Wertschätzung gegenüber Menschen in Ihrer Umgebung. Nehmen Sie Verbindung mit den Bedürfnissen auf, die durch das Handeln der jeweiligen Person erfüllt wurden. Nehmen Sie sich Zeit, sich tief von der Handlung und den Bedürfnissen berühren zu lassen. Vielleicht indem Sie einen tiefen Atemzug nehmen und sich auf Ihre Herzgegend konzentrieren. Tun Sie dies gern mehrmals und gegenüber mehreren Personen und notieren Sie, welchen Einfluss es auf Sie hat. Wenn Sie mögen, können Sie jeden Tag eine Zeit lang reflektieren, welche Wertschätzung Sie ausdrücken möchten.

Beginnen Sie damit, den anderen zu fragen, ob er oder sie Ihre Wertschätzung hören möchte, und erklären Sie, warum Sie sie äußern möchten. Erzählen Sie dann, was Sie den anderen haben tun sehen oder sagen hören, welche Bedürfnisse dadurch befriedigt wurden und was Sie dadurch fühlen.

Vielleicht möchten Sie den anderen auch fragen, wie es für ihn ist, Wertschätzung zu empfangen. Sollte ein Gespräch von Angesicht zu Angesicht nicht möglich sein, dann können Sie ein Telefongespräch führen oder einen Brief schreiben.

Schreiben Sie am Ende der Woche gern eine Zusammenfassung dessen, was Sie gelernt haben.

Das Danken an sich gibt mir Zuversicht, dass ich mehr bekommen werde, wofür ich dankbar sein kann. Vielleicht hat es damit zu tun, dass ich mich auf die Dankbarkeit fokussiere und die Dankbarkeit dadurch zu mir kommt. Es ist wie eine selbsterfüllende Prophezeiung!

(Carola)

Diese Übung ist besonders geeignet, wenn Sie hohe Punktzahlen bei folgenden Glücksstrategien haben:

1 (Fähigkeit zur Dankbarkeit)
4 (Hilfsbereit sein)
5 (Beziehungen pflegen)

Glücksauswertung 3

Füllen Sie im Verlauf der Woche den Glückstest (S. 165 ff.) aus und verwahren Sie die Ergebnisse an einem Ort, an dem Sie sie leicht wiederfinden. Wenn Sie den Test ausgefüllt haben, vergleichen Sie Ihre Ergebnisse mit denen des ersten und des zweiten Durchlaufs.

Woche 12

Sich selbst wertschätzen

Nehmen Sie sich etwas Zeit, am besten jeden Tag oder aber mindestens dreimal während dieser Woche, um Wertschätzung Ihnen selbst gegenüber auszudrücken. Schreiben Sie auf, welche Ihrer Handlungen Sie wertschätzen. Das kann etwas sein, das Sie im Verlauf der letzten 24 Stunden getan haben, oder aber etwas, das viel länger zurückliegt. Ob groß oder klein spielt keine Rolle. Stellen Sie dann eine Verbindung mit den Bedürfnissen her, die durch das Getane erfüllt wurden. Stellen Sie außerdem Kontakt zu den Gefühlen her, die in Ihnen durch die Wertschätzung geweckt werden. Reflektieren Sie darüber, ob es für Sie einen Unterschied macht, Wertschätzung sich selbst oder anderen gegenüber zu äußern.

Überlegen Sie sich, ob es Ihnen am besten morgens passt, am Abend vor dem Schlafengehen oder zu einem anderen Zeitpunkt.

Wenn ich plötzlich ein kleines Puzzleteil vom Ganzen finde und ich etwas bemerke, das ich zuvor nicht wahrgenommen habe, fühlt es sich innerlich warm und schön an. Es erfüllt mich ganz leicht und einfach mit Staunen und Freude.

Ich möchte einen Unterschied in der Welt bewirken und stelle fest, dass mir das durch mein Tun gelingt. Ich lebe, woran ich glaube! Hurra.

(Linda)

Diese Übung ist besonders geeignet, wenn Sie hohe Punktzahlen bei folgenden Glücksstrategien haben:

2 (Optimismus kultivieren)
3 (Vergleiche und Grübeleien vermeiden)
9 (Die Freuden des Lebens genießen)

Woche 13

Quartalsauswertung

In dieser Woche ist es an der Zeit zu reflektieren. Sollte Ihnen dies nicht passen oder sollte es sich für Sie nicht bedeutsam anfühlen, können Sie eine der früheren Übungen wiederholen (mehr dazu in Woche 14) oder die Übung von Woche 15 ausführen.

Nehmen Sie sich Zeit, um Ihr Dankbarkeitstagebuch, Ihre Notizen und Aufzeichnungen zu lesen. Erlauben Sie sich, sich zu freuen und das zu feiern, was Sie bislang getan haben, um mehr Glück und Dankbarkeit in Ihr Leben einzuladen. Reflektieren Sie gerne darüber, was es Ihnen gegeben hat, Ihren Fokus auf die Dankbarkeit zu richten, und überlegen Sie, wie Sie fortfahren möchten. Vielleicht kann Ihnen eine der folgenden Fragen dabei helfen.

1. Haben Sie eine oder mehrere Lieblingsübungen?
2. Gibt es eine Übung, die Sie zweifeln lässt oder aus der Sie keinen Nutzen ziehen konnten? Haben Sie ermittelt, welche Glücksstrategien am besten zu Ihnen passen? Lesen Sie dazu gern noch einmal das Kapitel „Test – Ihre individuelle Glücksstrategie“ auf Seite 78.
3. Was hat Ihnen geholfen, mit den Übungen fortzufahren?
4. Was hat es anstrengend gemacht, damit fortzufahren? Erkennen Sie darin irgendein Muster?

Diese Übung ist besonders geeignet, wenn Sie hohe Punktzahlen bei folgenden Glücksstrategien haben:

2 (Optimismus kultivieren)
9 (Die Freuden des Lebens genießen)
10 (Lebensträume verwirklichen)

Woche 14

Wählen Sie eine Übung

Meine Hoffnung ist, dass die reflektierende Auswertung der vergangenen Woche Ihnen einige Hinweise geliefert hat, welche Art von Übung Ihnen am meisten gibt, sodass es Ihnen nun leicht fällt zu entscheiden, welche der bereits durchgeführten Übungen Sie wiederholen möchten.

Es gibt einige Übungen, von denen ich häufig höre, dass Menschen Sie gern regelmäßig durchführen: sich selbst oder anderen Wertschätzung geben, nichts tun und ein Dankbarkeitstagebuch schreiben. Vielleicht möchten Sie ein Dankbarkeitstagebuch schreiben und darin reflektieren, für welche Chancen oder Erfolge anderer Sie dankbar sind (erinnern Sie sich an den Begriff Mudita auf Seite 18?).

Sobald sich das Wörtchen „sollte" in meine Wertschätzungsübungen schleicht, verliere ich die Freude daran. Daher sitze ich eine Weile in Stille, bevor ich mich entscheide, was ich tun möchte, und das hilft mir.

(Mats)

Diese Übung ist besonders geeignet, wenn Sie hohe Punktzahlen bei folgenden Glücksstrategien haben:

2 (Optimismus kultivieren)
8 (Flow-Erfahrungen erzeugen)
9 (Die Freuden des Lebens genießen)
10 (Lebensträume verwirklichen)

Woche 15

Danke für das Essen!

Wählen Sie eine oder mehrere Mahlzeiten, vor deren Beginn Sie für das Essen danken. In etlichen Kulturen und Familien ist das Tradition, die aber von vielen von uns vergessen wurde. Sie können es auf ganz einfache Weise tun, indem Sie das Wörtchen „Danke!" leise denken oder laut aussprechen. Vielleicht möchten Sie sich einige Augenblicke Zeit nehmen, um das Essen zu betrachten und sich daran zu erinnern, wer oder was dazu beigetragen hat, dass es nun auf Ihrem Teller liegt. Oder Sie danken, wenn der Teller leer und der Magen voll ist.

Vielleicht gefällt es Ihnen besser, auf eine feierlichere Art für das Essen zu danken. Sie können sich bewusst machen, dass das Essen eine Gabe der Erde ist, der Luft und vieler anderer ganz verschiedener Organismen. Die Tierwelt und andere Menschen haben auf unterschiedliche Art und Weise dazu beigetragen, dass dieses Essen sich nun auf Ihrem Teller befindet.

Ich sage Danke, dass es etwas zu essen für mich gibt.

Ich sage Danke, dass ich durch dieses Essen Kraft und Energie bekomme, um mein Leben zu leben.

Tischgebete erschienen mir früher wie eine leere Geste. Ich mag deinen Vorschlag, ein „Gebet" zu sprechen, wirklich gern, aber entscheide mich dafür, meinen Dank eher informell auszusprechen, gerade damit sich daraus kein leeres Ritual entwickelt.

Ich empfinde Dankbarkeit dafür, dass es etwas zu essen für mich gibt, und ich empfinde Ehrfurcht für alles, was dazu geführt hat, dass sich das Essen nun auf meinem Teller befindet. Manchmal bin ich fast zu Tränen gerührt.

Durch das Innehalten vor dem Essen kann ich das Essen selbst mehr genießen. Ich empfinde seinen Geschmack intensiver und merke, dass ich sogar langsamer kaue.

(Birgitta)

Ich habe es die ganze Woche versucht und es klappte überhaupt nicht. Ich vergaß es schlicht und einfach jedes Mal, wenn das Essen auf dem Tisch stand. Mehrmals versuchte ich mich daran zu erinnern, aber wenn ich mich zum Essen hinsetze, ist der Gedanke einfach weg. Ich vermute, ich halte es für so selbstverständlich, etwas zu essen zu haben, dass der Dank nicht natürlich und quasi aus sich selbst heraus entsteht. Also habe ich mich einfach für das Essen bedankt, wenn es mir wieder eingefallen ist.

(Elisabeth)

Diese Übung ist besonders geeignet, wenn Sie hohe Punktzahlen bei folgenden Glücksstrategien haben:

1 (Fähigkeit zur Dankbarkeit)
9 (Die Freuden des Lebens genießen)
12 (Sich um den Körper kümmern)

Woche 16

Für erfüllte Bedürfnisse danken

Fokussieren Sie sich in dieser Woche einmal oder auch häufiger auf eines oder mehrere der unten stehenden Bedürfnisse. (Sie können sich natürlich auch für ganz andere als die in der Liste aufgeführten Bedürfnisse entscheiden.) Vielleicht möchten Sie dies gleich nach dem Aufwachen tun, sodass das Bedürfnis Sie durch den Tag begleitet; oder am Abend, bevor Sie schlafen gehen, um es mit in Ihre Träume zu nehmen. Konzentrieren Sie sich darauf, wie es sich anfühlt, wenn das Bedürfnis erfüllt ist.

Eine Woche kann sich viel zu kurz anfühlen, vielleicht möchten Sie diese Übung über einen Längeren Zeitraum hinweg fortsetzen und sich zum Beispiel für jedes einzelne Bedürfnis eine Woche Zeit nehmen?

Denken Sie an eine Situation, in der das Bedürfnis erfüllt wurde – vielleicht heute, vielleicht neulich oder vor Längerem –, und schreiben Sie Ihre Erlebnisse auf. Wenn Sie eher in der Breite forschen möchten, können Sie auch jeden Tag ein anderes Bedürfnis auswählen.

Ebenso können Sie sich entscheiden, sich die gesamte Woche dem gleichen Bedürfnis zu widmen und Ihre Verbindung mit ihm zu vertiefen und dann nachzuspüren, welchen Platz es in Ihrem Leben einnimmt.

Sinn	Freiheit
Liebe	Gemeinschaft
Empathie	Gegenseitigkeit
Hoffnung	Ausruhen
Gesehen-Werden	Integrität

Ich habe vorher nie verstanden, wie sehr ich mein Leben tatsächlich nach meinen Bedürfnissen und Werten ausrichte. Eine schöne Bestätigung.

(Linda)

Ich bin so vorgegangen, dass ich bereits am Abend vor dem Einschlafen entschieden habe, welchem Bedürfnis ich mich am nächsten Tag widmen wollte. Das hat für mich funktioniert!

(Katarina)

Diese Übung ist besonders geeignet, wenn Sie hohe Punktzahlen bei folgenden Glücksstrategien haben:

1 (Fähigkeit zur Dankbarkeit)
2 (Optimismus kultivieren)
9 (Die Freuden des Lebens genießen)
11 (Religion und Spiritualität)

Glücksauswertung 4

Füllen Sie irgendwann im Verlauf der Woche den Glückstest (S. 165 ff.) aus und bewahren Sie die Ergebnisse gut auf. Nachdem Sie den Test ausgefüllt haben, vergleichen Sie die Ergebnisse mit den anderen Durchgängen, die Sie bereits absolviert haben. Schreiben Sie gern eine Notiz in Ihren Kalender, damit Sie daran denken, diesen Test einmal monatlich während eines halben oder sogar eines ganzen Jahres durchzuführen.

Woche 17

Dankbarkeit an Bedürfnisse koppeln

Wählen Sie eines der Bedürfnisse aus, das Sie in der vorangegangenen Woche erforscht haben. Es kann das Bedürfnis sein, das Sie am stärksten berührt hat, oder dasjenige, das Sie am wenigsten berührt hat. Vielleicht haben Sie eine Verbindung zu einem Bedürfnis hergestellt, über das Sie gern mehr erfahren und das Sie tiefer erforschen möchten. Erstellen Sie im Verlauf der Woche eine Liste, wie Sie dieses Bedürfnis feiern oder sich daran erfreuen können. Wie können Sie es auf so viele verschiedene Arten wie möglich erfüllen?

Wie können Sie Ihre Mitmenschen wissen lassen, dass und wie sie zur Erfüllung Ihres Bedürfnisses beigetragen haben? Was haben sie konkret getan?

Vielleicht werden Sie an frühere Situationen erinnert, in denen das Bedürfnis ebenfalls erfüllt wurde. Möglicherweise an Situationen, in denen Sie demjenigen, der Ihnen bei der Erfüllung half, keine Wertschätzung entgegengebracht haben. Vielleicht gibt es eine Möglichkeit, das nachzuholen.

Ich merke, dass ich oft viele Worte brauche, wenn ich versuche, Wertschätzung zu äußern. Und gleichzeitig ist mir aufgefallen, dass ich nicht immer sofort deutlich beschreibe, welche meiner Bedürfnisse erfüllt wurden. Ich kommuniziere meine Gefühle offenbar eher durch Körpersprache als mit Worten, daher war diese Übung eine große Hilfe für mich, um zu lernen, meine Wertschätzung dem Gegenüber auch mit Worten nahezubringen.

(Elisabeth)

Diese Übung ist besonders geeignet, wenn Sie hohe Punktzahlen bei folgenden Glücksstrategien haben:

2 (Optimismus kultivieren)
8 (Flow-Erfahrungen erzeugen)
9 (Die Freuden des Lebens genießen)
11 (Religion und Spiritualität)
12 (Sich um den Körper kümmern)

Woche 18

Wer möchte Wertschätzung empfangen?

Schritt 1: Fragen Sie im Verlauf dieser Woche mindestens drei Menschen, ob sie häufiger von Ihnen Wertschätzung erfahren möchten beziehungsweise ob sie genau in diesem Moment gern Wertschätzung von Ihnen hätten. Wählen Sie am besten unterschiedliche Personen aus – vielleicht alle an einem Tag oder jeden Tag jemand anders. Es kann sich dabei um Ihre Familienmitglieder handeln, um Freunde, Arbeitskollegen oder um andere Personen, die möglicherweise Ihre Wertschätzung hören möchten. Probieren Sie unterschiedliche Arten aus, danach zu fragen. Falls Sie ein Nein zur Antwort bekommen, überlegen Sie, ob Sie Ihre Frage einladender gestalten können.

(Falls Sie starken Widerstand dagegen spüren, laut vernehmbar zu fragen, können Sie zunächst Ihre Wertschätzung für den anderen still für sich formulieren. Danach spüren Sie erneut in sich hinein und überlegen, ob Sie diese laut äußern möchten.)

Schritt 2: Erzählen Sie davon, was Sie die Person haben tun sehen oder sagen hören, was Sie fühlen, wenn Sie daran denken, und welche Ihrer Bedürfnisse dadurch erfüllt wurden.

Vielleicht möchten Sie den anderen auch fragen, wie es sich für ihn oder sie anfühlt, Ihre Wertschätzung zu empfangen. Möglicherweise können Sie nicht mit allen Menschen von Angesicht zu Angesicht kommunizieren. Dann nutzen Sie das Telefon oder schreiben Sie einen Brief.

Notieren Sie, was vorher, währenddessen und nachher in Ihnen vorgeht.

Unten finden Sie einige Vorschläge meiner „Testpersonen“, die die Übungen ausprobierten, bevor dieses Buch entstanden ist. Damit zu experimentieren, wie man andere Menschen fragen kann, ob sie Wertschätzung hören möchten, war für die Testgruppe teils eine Qual und teils ein großer Spaß.

„Sag mal, gibt es etwas, was du für mich tust und wofür du gern von mir deutliche Wertschätzung erfahren würdest?“

„Du tust so viel, wofür ich mich nie bedanke, also frage ich geradeheraus: Gibt es etwas, wofür du gern ein Dankeschön hören möchtest – etwas, das mir entgangen ist?“

„Gibt es etwas, das du tust, wofür du unbedingt von mir wertgeschätzt werden möchtest?“

„Ich weiß, du sagtest, dass du durch mein Lächeln und Lachen verstehst, dass ich schätze, was du für mich tust. Fällt dir eine Situation ein, in der du dir gewünscht hättest, dass ich meine Wertschätzung auch mit Worten äußere?“

„Ich befürchte, dass ich es etliche Male versäumt habe, dir meine Wertschätzung zu zeigen. Stimmt das?“

„Möchtest du gern, dass ich dir erzähle, warum ich es so sehr schätze, mit dir zusammenzuarbeiten?“

„Ich möchte dir gern sagen, was ich an dir mag. Willst du es hören?“

„Ich habe oft gedacht, dass ich dir danken und dir erzählen möchte, warum ich es so sehr mag, mit dir zusammen zu sein. Möchtest du es hören?“

„Ich frage mich, ob es für dich spürbar ist, dass ich dich und das, was du tust, wertschätze. Und ich möchte wissen, ob du bei einer Sache gern die Sicherheit hättest, dass sie wertvoll für mich ist.“

„Ich fürchte, für dich wird nicht deutlich, dass ich dich schätze. Ist das so und möchtest du mehr darüber hören?“

„Ich frage mich, ob es eine Sache gibt, von der du gern hören würdest, dass ich sie schätze.“

Diese Übung ist besonders geeignet, wenn Sie hohe Punktzahlen bei folgenden Glücksstrategien haben:

3 (Vergleiche und Grübeleien vermeiden)
4 (Hilfsbereit sein)
5 (Beziehungen pflegen)
7 (Lernen zu vergeben)

Woche 19

Den Körper wertschätzen

Nehmen Sie sich in dieser Woche jeden Tag ein bisschen Zeit, um Ihren Körper wertzuschätzen. Sie können dabei sitzen, stehen, liegen oder gehen. Beginnen Sie damit, hineinzuspüren, wie sich Ihr Körper in diesem Moment anfühlt. Konzentrieren Sie sich eine Weile auf Bereiche, die sich angenehm anfühlen. Nehmen Sie dann Kontakt zu Ihrem Herzen auf. Es schlägt und schlägt, Minute um Minute, Stunde um Stunde, Tag um Tag, Jahr um Jahr. Fragen Sie sich: Gibt es etwas, dass Sie an der Arbeit des Herzens schätzen?

Verbinden Sie sich dann mit einem anderen Organ und nehmen Sie wahr, was das Organ tut. Schätzen Sie etwas an diesem Organ und seiner Arbeit? Gibt es noch etwas, wofür Sie Ihrem Körper Wertschätzung entgegenbringen möchten?

Vermeiden Sie es, sich zu Wertschätzung zu zwingen, weil Sie denken, Sie „sollten“ dankbar sein. Nehmen Sie einfach wahr, ob Sie tatsächlich Dankbarkeit spüren. Fassen Sie am Ende der Woche zusammen, was Sie erfahren haben.

Für mich ist es nicht entscheidend, ein Gefühl mit einem Begriff zu benennen. Es geht mir darum, zu registrieren, was in meinem Körper passiert. Die Bedürfnisse, denen ich tief in meinem Inneren begegne, handeln immer von Kontakt – vom Kontakt mit dem Leben, mit dem Lebendigen.

(Birgitta)

Diese Übung ist besonders geeignet, wenn Sie hohe Punktzahlen bei folgenden Glücksstrategien haben:

9 (Die Freuden des Lebens genießen)
11 (Religion und Spiritualität)
12 (Sich um den Körper kümmern)

Woche 20

Gefühle weisen uns den Weg zu mehr Dankbarkeit

Gefühle sind wichtig. Sie erzählen uns, was wir benötigen, und bestimmen wesentlich unser Erleben. Daher sehen wir uns nun genauer an, welche Hinweise sie uns geben können, um uns zu Dankbarkeitserlebnissen zu führen, die wir vielleicht bislang noch nicht voll und ganz ausgekostet haben.

Schritt 1: Lesen Sie sich die Aufstellung von Gefühlen (s.u.) durch – es sind Gefühle, die sich bemerkbar machen, wenn unsere Bedürfnisse erfüllt sind. Wählen Sie ein Gefühl aus und rufen Sie sich eine Situation ins Gedächtnis, in der Sie dieses Gefühl erlebt haben, vielleicht erst in jüngster Zeit. Erinnern Sie sich so genau wie möglich, was passiert ist, sodass Sie eine Verbindung mit den Bedürfnissen herstellen können, die in dieser Situation erfüllt wurden. Denken Sie außerdem darüber nach, was dazu beigetragen hat.

Schritt 2: Erinnern Sie sich an eine Situation, in der jemand Ihnen Wertschätzung entgegengebracht hat und Sie dieses Gefühl verspürten. Welche Ihrer Bedürfnisse wurden erfüllt, welche Bedürfnisse des anderen wurden befriedigt?

Schritt 3: Erinnern Sie sich an eine Situation, in der Sie jemand anderem oder sich selbst Wertschätzung entgegenbrachten und dieses Gefühl spürten. Welche Ihrer Bedürfnisse und welche Bedürfnisse der anderen Person wurden erfüllt?

Führen Sie die Übung mindestens einmal im Laufe dieser Woche durch. Nehmen Sie sich die Zeit, die Sie brauchen, um wirklich mit dem Gefühl und dem Bedürfnis in Kontakt zu kommen. Nehmen Sie es ganz in sich auf. Zum Abschluss können Sie Dankbarkeit gegenüber sich selbst oder anderen zeigen.

Einige Gefühle, die wir spüren, wenn unsere Bedürfnisse erfüllt sind:

Freude, Zufriedenheit, Ruhe, Vertrauen, Sinn, Entspannung, Befriedigung, Energie, Faszination, Entzückung, Hoffnung, Inspiration, Eifer, Erleichterung, Optimismus, Wachheit, Dankbarkeit, Erfüllung, Sicherheit, Aufgeräumtheit, Stille, Gelassenheit.

Für mich ist es so: Alle positiven Gefühle sind eng mit Dankbarkeit verbunden. Jedes Mal, wenn ich ein positives Gefühl wirklich zulasse und innehalte, werde ich auch von Dankbarkeit erfüllt.

(Birgitta)

Es war schön, die Übung durchzuführen, und ich habe ein Muster entdeckt: Mit welchem Bedürfnis ich auch immer beginne, wenn ich es identifiziere und zulasse, komme ich fast immer dahinter, dass ich ein Bedürfnis nach Kontakt hatte, das erfüllt wurde.

(Birgitta)

Diese Übung ist besonders geeignet, wenn Sie hohe Punktzahlen bei folgenden Glücksstrategien haben:

1 (Fähigkeit zur Dankbarkeit)
2 (Optimismus kultivieren)
9 (Die Freuden des Lebens genießen)

Woche 21

Wertschätzung äußern

Äußern Sie in dieser Woche mindestens einmal pro Tag Wertschätzung gegenüber jemandem in Ihrem Umfeld, oder wenn Ihnen das besser passt: Äußern Sie Wertschätzung gegenüber mehreren Personen am gleichen Tag.

Tun Sie dies gern zu mehreren Gelegenheiten und gegenüber mehreren Personen und nehmen Sie wahr, welchen Effekt es auf Sie hat. Stellen Sie eine Verbindung zu den Personen her und erzählen Sie, was Sie sie haben tun sehen oder sagen hören, was Sie fühlen, wenn Sie daran denken, und welche Bedürfnisse dadurch erfüllt wurden.

Vielleicht möchten Sie die anderen auch fragen, wie es für sie ist, die Wertschätzung zu hören. Sollten Sie mit manchen Personen nicht von Angesicht zu Angesicht kommunizieren können, dann telefonieren Sie oder schreiben Sie einen Brief.

Schreiben Sie am Ende der Woche eine Zusammenfassung dessen, was Sie gelernt und erfahren haben.

Ich schrieb einer Freundin einen Brief, in dem ich erzählte, wie sehr ich unseren Kontakt wertschätze. Ich beschrieb, was sie getan hatte und welche meiner Bedürfnisse dadurch erfüllt wurden. Das hat unsere Verbindung unheimlich intensiviert. Sie gab mir außerdem das Feedback, dass sie froh war, die Wertschätzung zu hören, da sie unsere Gemeinschaft und Zusammengehörigkeit schätzt und mein Brief ihr half, diese Verbundenheit zu erleben.

(Marianne)

Diese Übung ist besonders geeignet, wenn Sie hohe Punktzahlen bei folgenden Glücksstrategien haben:

4 (Hilfsbereit sein)
5 (Beziehungen pflegen)
7 (Lernen zu vergeben)

Woche 22

Ihr Platz in der Kette des Gebens und Nehmens

Wir gehen zurück zu einer der ursprünglichen Übungen, aber „trainieren" sie jetzt in einer Variante. Nehmen Sie sich jeden Tag etwas Zeit, mindestens aber einmal im Verlauf dieser Woche, und bringen Sie sich selbst Wertschätzung entgegen.

Schreiben Sie etwas nieder, das Sie getan haben und sehr schätzen. Das kann eine Handlung sein, die in den letzten 24 Stunden stattgefunden hat, oder etwas, das bereits vor längerer Zeit geschah. Stellen Sie dann eine Verbindung mit den Bedürfnissen her, die durch Ihr Tun erfüllt wurden. Achten Sie darauf, was Sie fühlen, wenn Sie mit den Bedürfnissen in Kontakt stehen.

Wenn Sie die Verbindung hergestellt haben, fragen Sie sich selbst: „Was habe ich erhalten, was es erst ermöglicht hat, das zu tun, wofür ich dankbar bin?" Lassen Sie sich von der Antwort berühren und nähren.

Wenn wir erleben, dass wir Teil eines Zusammenhangs sind – Teil einer Kette von Menschen und Handlungen, in der wir sowohl geben als auch nehmen –, ist es oft leichter, Dankbarkeit zu fühlen. Indem wir innehalten und uns verdeutlichen, wie sehr wir alle miteinander verbunden sind, lernen wir wieder zu staunen und wertzuschätzen, was wir erhalten haben. Alles, vom Essen auf meinem Teller bis zu den Kleidern, die ich am Körper trage, habe ich auf die eine oder andere Weise entweder von der Natur oder von anderen Menschen erhalten, weil ich Teil dieser „Kette" bin. Uns dies bewusst zu machen ist sehr wertvoll, denn wenn wir uns als Teil eines größeren Zusammenhangs empfinden, wird unsere Dankbarkeit häufig verstärkt.

Danke für diese Übung, sie ist so wertvoll für mich! Es ist mir sehr wichtig, Teil eines Zusammenhangs zu sein!

(Birgitta)

Ich fühlte mich so verbittert, als ich die Übung machte. Bei der letzten Frage dachte ich: „Ich habe nun wirklich nichts erhalten, was mir etwas ermöglicht hat. Ich musste alles selbst tun!" Im selben Moment wurde mir klar, dass ich die Kraft, um all das zu schaffen, wofür ich dankbar bin, von der Natur erhalten habe – durch all die Spaziergänge, all die Male, die ich voller Einsamkeit einen Baum umarmt habe. Plötzlich wurde ich von Dankbarkeit erfüllt. Danke!

(Linda)

Ich wundere mich selbst, wie viele Gründe ich finde, mir selbst keine Wertschätzung geben zu „müssen". In meiner Vorstellung bin ich ein einsamer Krieger, und ein einsamer Krieger braucht doch keine Wertschätzung.

(Johan)

Diese Übung ist besonders geeignet, wenn Sie hohe Punktzahlen bei folgenden Glücksstrategien haben:

2 (Optimismus kultivieren)
5 (Beziehungen pflegen)
11 (Religion und Spiritualität)

Glücksauswertung 5

Füllen Sie im Laufe der Woche den Glückstest (S. 165 ff.) aus und legen Sie die Ergebnisse an einen Ort, an dem Sie sie leicht wiederfinden. Nachdem Sie den Test gemacht haben, vergleichen Sie Ihre Ergebnisse mit den Werten aus den vorangegangenen Testrunden.

Woche 23

Wertschätzen Sie Ihre Umgebung

Führen Sie diese Übung gern mehrmals im Laufe der Woche durch, idealerweise jeden Tag. Setzen Sie sich an einen Ort, an dem Sie für fünf bis zehn Minuten ungestört sind. Sie können die Übung drinnen oder draußen machen.

Verweilen Sie mit Ihrem Blick auf einem Objekt in der Nähe. Ist es etwas, das Ihre Wertschätzung weckt? Gibt es irgendeine Art von Dankbarkeit für dieses Ding? Woher kommt die Dankbarkeit, welche Bedürfnisse erfüllt es?

Hetzen Sie sich nicht, aber lassen Sie den Blick bald zu einer anderen Sache wandern und machen Sie genauso weiter.

Schreiben Sie auf, was Sie dabei entdecken, und fassen Sie am Ende der Woche zusammen, was Sie erfahren haben.

Nach dieser Übung habe ich begonnen, Danke zu sagen – manchmal im Stillen, manchmal laut –, irgendwann im Laufe des Tages, wenn ich daran denke. Wenn ich die schöne Natur wahrnehme, wenn ich mit Menschen zusammen bin, in deren Gegenwart ich mich wohlfühle, ja, alles Mögliche, was mir einfällt, kann meine Dankbarkeit wecken. Ich danke, ich atme tief ein, spüre mein Herz und genieße. Dabei fühle ich, wie ich am ganzen Körper entspanne und sich eine innere Zuversicht in mir ausbreitet. Herrlich!

(Carola)

Diese Übung ist besonders geeignet, wenn Sie hohe Punktzahlen bei folgenden Glücksstrategien haben:

3 (Vergleiche und Grübeleien vermeiden)
9 (Die Freuden des Lebens genießen)
11 (Religion und Spiritualität)

Woche 24

Symbole für Dankbarkeit

Marshall Rosenberg erzählte, dass er seit vielen Jahren ein Dankbarkeitstagebuch führte. Er konzentrierte sich auf das, was er selbst getan hatte und wertschätzte, aber auch auf die Handlungen anderer. Um das Gefühl von Dankbarkeit ganz tief zu spüren, zeichnete er dann eine Blume, während er gleichzeitig an das dachte, wofür er dankbar war.

Die Übung, die ich für diese Woche vorschlage, lehnt sich daran an: Konzentrieren Sie sich auf das, was Sie wertschätzen, verknüpfen Sie es mit den Bedürfnissen, die dadurch erfüllt wurden, und mit den Gefühlen, die dies in Ihnen hervorruft. Zeichnen Sie dann – mit Ihren Gedanken bei dem schönen Ereignis – ein Symbol oder Bild, das Sie darin unterstützt, die Dankbarkeit voll und ganz zu spüren. Das kann eine Blume sein oder etwas völlig anderes.

Führen Sie die Übung im Verlauf dieser Woche jeden Tag durch oder aber so oft Sie mögen. Experimentieren Sie, welches Symbol oder Bild Ihnen am besten dabei hilft, Wertschätzung und Dankbarkeit zu fühlen.

Ich fand die Aufgabe in dieser Woche richtig toll. Ich habe versucht, Symbole für das zu finden, was ich wertschätze. Dann geschahen mehrere Dinge, die ich schätzte, wie von selbst. Auch wenn ich nicht immer ein Bild oder Symbol fand, inspirierte mich diese Aufgabe. Außerdem sorgte das Bild dafür, dass ich die Wertschätzung leichter in Erinnerung behielt. Die Übung war außerdem kreativ, fantasievoll, amüsant und spielerisch. Ich hatte Sehnsucht danach, mit der Freude in mir Kontakt aufzunehmen.

(Elisabeth)

Diese Übung ist besonders geeignet, wenn Sie hohe Punktzahlen bei folgenden Glücksstrategien haben.

1 (Fähigkeit zur Dankbarkeit)
8 (Flow-Erfahrungen erzeugen)
9 (Die Freuden des Lebens genießen)

Woche 25

Das Dankbarkeitsalbum

Diese Übung ist auf gewisse Weise eine Fortsetzung der Übung aus der vorhergehenden Woche, da sie ebenfalls mit Bildern arbeitet. Die Aufgabe der Woche lautet, ein „Album" mit Bildern anzulegen, die Ihnen helfen, mehr Dankbarkeit zu erleben. Dies können gezeichnete Bilder sein, Fotos von Menschen oder Orten, Symbole oder etwas anderes, das Sie in ein Album kleben oder auf andere Weise zusammenstellen können. Verwenden Sie dieses Album von Zeit zu Zeit, um an das erinnert zu werden, was Sie dankbar macht; aber nicht so oft, dass die Bilder ihre Kraft verlieren.

Ich entschied mich, einen Ordner auf dem Desktop meines Computers anzulegen. So kann ich die Bilder als Diashow abspielen und sie ansehen, wann immer ich möchte. Außerdem kann ich sie nach dem Zufallsprinzip als Hintergrundbilder verwenden. So läuft man nicht Gefahr, sich an die Bilder zu gewöhnen, sondern kann sie jedes Mal genießen.

(Johan)

Diese Übung ist besonders geeignet, wenn Sie hohe Punktzahlen bei folgenden Glücksstrategien haben:

5 (Beziehungen pflegen)
9 (Die Freuden des Lebens genießen)
10 (Lebensträume verwirklichen)

Glücksauswertung 6

Füllen Sie in dieser Woche erneut den Glückstest (S. 165 ff.) aus und verwahren Sie die Ergebnisse an einem sicheren Ort. Haben Sie den Test ausgeführt, vergleichen Sie Ihre Ergebnisse mit denen früherer Durchgänge.

Woche 26

Halbjahresauswertung

In dieser Woche ist es Zeit zu reflektieren. Lesen Sie in Ihrem Dankbarkeitstagebuch, Ihren Aufzeichnungen und Notizen. Sollten Sie diese Auswertung aus irgendeinem Grund nicht machen wollen, können Sie in dieser Woche eine der vorangegangenen Übungen wiederholen (mehr dazu in Woche 27) oder Sie springen vor zu Woche 28.

Nehmen Sie sich Zeit, das Glück und die Dankbarkeit zu feiern, die Sie bisher erlebt haben. Vielleicht möchten Sie die vergangenen sechs Monate auswerten, indem Sie sich – wie unten beschrieben –darüber klar werden, was Sie im Alltag glücklich macht. Oder Sie reflektieren anhand der Fragen aus Woche 13.

Notieren Sie am Ende jeden Tages dieser Woche, welche fünf bis sechs Hauptaktivitäten Ihren Tag gefüllt haben und wie glücklich Sie während jeder einzelnen dieser Aktivitäten waren (beispielsweise auf einer Skala von eins bis zehn). Gab es etwas Besonderes, das Ihnen half, sich glücklich oder dankbar zu fühlen? Werten Sie Ihre Notizen am Ende der Woche aus und erstellen Sie einen Plan, wie Sie mehr Zeit auf die Aktivitäten verwenden können, die Sie als die glücklichsten ausgemacht haben. Sie können diese Übung auch über einen längeren Zeitraum durchführen, um eine bessere Übersicht zu erlangen.

Bereits nach einigen Tagen wurde mir klar, dass ich den Dingen, die mich wirklich glücklich machen, sehr wenig Zeit widme. Da verstand ich zu meiner Verwunderung, dass die Tätigkeit, von der ich immer gesagt hatte, sie mache mich glücklich, diese Funktion nicht länger erfüllte.

(Marianne)

Diese Übung ist besonders geeignet, wenn Sie hohe Punktzahlen bei folgenden Glücksstrategien haben:

8 (Flow-Erfahrungen erzeugen)
9 (Die Freuden des Lebens genießen)
10 (Lebensträume verwirklichen)

Woche 27

Wählen Sie eine Übung

Hoffentlich konnten die Reflexionen der letzten Woche Ihnen zeigen, welcher Typ von Übungen den größten Effekt auf Sie hat, sodass es Ihnen nun leichtfällt, unter den bereits absolvierten Übungen eine auszuwählen, die Sie wiederholen möchten.

Bewusst etwas zu wählen, das Ihr Erleben von Dankbarkeit und Ihr Glück stärkt, ist an sich bereits glücksfördernd. Sollte es Ihnen schwerfallen, sich zwischen den Übungen zu entscheiden, können Sie sich auch fragen, was Ihre Zielsetzung ist, und eine Übung wählen, die damit übereinstimmt. Hauptsache ist, dass Sie bewusst wählen.

Es wunderte mich, dass ich mich dafür entschied, in dieser Woche noch einmal anderen gegenüber Wertschätzung zu äußern, weil ich es beim ersten Mal als so unangenehm empfand. Aber gleichzeitig war dies die Übung, die mich verstehen ließ, wie viel Energie ich daraus ziehen kann, anderen zu erzählen, was mich bewegt.

(Mats)

Diese Übung ist besonders geeignet, wenn Sie hohe Punktzahlen bei folgenden Glücksstrategien haben:

8 (Flow-Erfahrungen erzeugen)
9 (Die Freuden des Lebens genießen)
10 (Lebensträume verwirklichen)

Woche 28

Wertschätzung gegenüber der Person, die Sie heute sind

Versetzen Sie sich an einen frühen Zeitpunkt in Ihrem Leben zurück, beispielsweise als Sie zwischen zehn und achtzehn Jahre alt waren und Unterstützung benötigten. Vielleicht sehnten Sie sich damals nach einer anderen Person, nach einem Erwachsenen, der Ihnen hätte helfen können. Nehmen Sie sich ein wenig Zeit und stellen Sie eine Verbindung zu den Bedürfnissen her, bei deren Erfüllung Sie gern unterstützt worden wären.

Fragen Sie sich selbst:

> In welcher Hinsicht bin ich nun die Person, die ich damals hätte treffen müssen?
>
> Auf welche Weise könnte ich nun die Unterstützung geben, die die Person, die ich damals war, benötigt hätte?
>
> Wie hätte ich diesem jungen Menschen helfen können, seine Bedürfnisse zu erfüllen?

Atmen Sie tief ein und aus und lassen Sie die Fragen auf sich wirken. Wenn die Antworten nicht deutlich ausfallen, fragen Sie weiter:

> Was habe ich über das Leben, über Gefühle, Bedürfnisse, Liebe, Empathie, Ehrlichkeit und Kontakt gelernt, das mir in der Begegnung mit meinem früheren Ich von Nutzen wäre?

Notieren Sie, was Sie bis hierher geführt hat und wofür Sie dankbar sind.

> Was haben Sie über das Leben, über Gefühle, Bedürfnisse, Liebe, Empathie, Ehrlichkeit und Kontakt gelernt, das Sie mit dieser Person teilen könnten?
>
> Auf welche Weise könnten Sie Ihrem damaligen Ich heute ein Vorbild sein?

Führen Sie diese Reflexion gern jeden Tag im Verlauf der Woche durch. Sie können jeweils die gleiche Situation zugrunde legen oder aber jeden Tag mit einer anderen Situation und den Bedürfnissen, die damals aktuell waren, Kontakt aufnehmen.

Ich dachte an eine über mehrere Jahre währende „unglückliche Liebe" in meiner Teenagerzeit. Ich mochte ihn so sehr. Die Bedürfnisse, die ich damals gern erfüllt hätte, waren Respekt, trauern zu dürfen, in meiner Trauer gesehen zu werden und mit Empathie gehört zu werden. (Allein das Wort „Empathie" zu schreiben weckt große Trauer, da mir bewusst wird, dass ich mich nicht erinnern kann, damals etwas erfahren zu haben, das Empathie auch nur ähnelte.)

Wenn ich mich selbst frage, in welcher Hinsicht ich nun die Person bin, die ich damals hätte treffen müssen, wird mir klar, wie oft ich meine jüngeren Mitmenschen nach ihrem Befinden frage, ihnen zuhöre und die Kraft der Empathie anwende. Ich winke nicht ab, bemitleide nicht und gebe auch keinen guten Rat. Zu verstehen, dass ich gebe, was ich damals selbst gebraucht hätte, erfüllt mich mit Dankbarkeit und einem wohltuenden Stolz über mich selbst.

(Carola)

Diese Übung ist besonders geeignet, wenn Sie hohe Punktzahlen bei folgenden Glücksstrategien haben:

6 (Bewältigungsstrategien entwickeln)
7 (Lernen zu vergeben)
10 (Lebensträume verwirklichen)

Woche 29

Gesten der Dankbarkeit

Dankbarkeit ist körperlich fühlbar und sie kann wieder und wieder geweckt werden. In dieser Woche möchte ich Sie dazu inspirieren, eine Geste zu finden, die es für Sie einfacher macht zu feiern. Viele Sportler, zum Beispiel Fußballspieler, haben eine bestimmte Geste, um die Freude über ein Tor herauszulassen und zu verstärken. Nehmen Sie gern Sportler als Beispiel für eine passende Geste, die Sie verwenden können, um Ihr Gefühl von Dankbarkeit zu intensivieren.

Beginnen Sie, indem Sie sich auf etwas konzentrieren, wofür Sie dankbar sind. Als Inspiration können Sie Ihre Tagebuchaufzeichnungen verwenden. Wählen Sie etwas aus, das Sie deutlich fühlen, etwas, das Sie berührt. Dabei kann es sich um eine Erinnerung an etwas handeln, das Sie getan haben und sehr schätzen, oder um etwas, das Ihnen oder einer anderen Person geglückt ist und wofür Sie dankbar sind. Denken Sie daran, nehmen Sie einige tiefe Atemzüge und führen Sie die Geste aus, für die Sie sich entschieden haben. Es kann etwas Subtiles sein, wie ein bestimmtes Lächeln, oder etwas, das Sie mit den Fingern vollführen, oder etwas, das für andere deutlich sicht- und hörbar ist.

Absolvieren Sie diese Übung mehrmals im Verlauf der Woche, gerne fünfmal oder häufiger oder so oft Sie die Chance haben, diese Bewegung „einzuüben". Nehmen Sie wahr, ob die Geste Ihnen hilft, sich stärker von Ihrer Wertschätzung berühren zu lassen – und wenn sie wirkt, dann verwenden Sie sie, um die Übungen der kommenden Woche zu intensivieren

Ich entschied mich, meine Hand zu öffnen und dann sacht wieder zu schließen. Das zeigt vieles, was Dankbarkeit für mich bedeutet: Mich für das zu öffnen, was das Leben zu geben hat, es aufzunehmen und zu genießen.

(Birgitta)

Für mich funktionierte am besten, mir selbst zuzulächeln, während ich mich auf die Dankbarkeit konzentrierte. Manchmal fühlte es sich albern an, aber im Allgemeinen verstärkte es wirklich mein Erleben von Dankbarkeit.

(Ellen)

Diese Übung ist besonders geeignet, wenn Sie hohe Punktzahlen bei folgenden Glücksstrategien haben:

9 (Die Freuden des Lebens genießen)
10 (Lebensträume verwirklichen)
12 (Sich um den Körper kümmern)

Woche 30

Ein Vorbild wertschätzen

Bringen Sie einem oder mehreren Menschen Wertschätzung entgegen – und zwar lebenden Menschen, keinen historischen Persönlichkeiten oder anderen Verstorbenen. Dabei soll es um Menschen gehen, deren Beitrag Sie für eine größere Gruppe nützlich finden und für deren Entscheidungen oder Handlungen Sie dankbar sind. Rufen Sie sie an oder schreiben Sie ihnen! Dies kann zum Beispiel eine Person sein, die in den Medien auftaucht, jemand, der in der Gemeindeverwaltung sitzt oder in einem Verein für ein größeres Ziel arbeitet, es kann ein Politiker sein oder ein Prominenter.

Äußern Sie Wertschätzung gegenüber so vielen Menschen wie möglich. Sollten Sie Schwierigkeiten haben, etwas zu finden, das Sie schätzen, sehen Sie sich um und nehmen Sie wahr, wofür Sie dankbar sind. Gibt es befahrbare Straßen? Engagierte Schulen? Funktionierenden Nahverkehr? Musik, die Sie gern hören? Ein unterhaltsames Fernsehprogramm?

Fassen Sie Ihre Beobachtungen in Worte und erzählen Sie, welche Bedürfnisse von den Handlungen dieser Menschen erfüllt werden. Drücken Sie Ihre Wertschätzung auf eine Weise aus, von der Sie glauben, dass sie es dem Adressaten leicht macht, sie anzunehmen. Genießen Sie es – egal ob Sie sicher sein können, dass Ihre Worte die Person tatsächlich erreichen oder nicht.

Wenn Sie mögen, können Sie noch einen Schritt weitergehen und die E-Mail- oder Postadresse der Person in Erfahrung bringen. Vielleicht können Sie die Person auch nur über eine Webseite, einen Blog oder Social Media erreichen.

In manchen Zeitungen gibt es eine Art „Daumen hoch" oder eine ähnliche Rubrik, in der man ganz einfach einige Zeilen einsenden kann, die als Dank für Menschen gedruckt werden, deren Wirken man schätzt. Auf vielen Community-Seiten gibt es eine ähnliche Funktion.

Ich habe es ausprobiert und es war total toll zu hören, was mein Feedback bei denjenigen bewirkte, die ich wertschätzte und die sich bei mir zurückmeldeten.

(Anna)

Ganz konkret hat die Übung bewirkt, dass sich die Zärtlichkeit für meinen Mann verstärkt hat! Es fühlt sich schön an und wir beide merken den Unterschied. Und daher nehmen auch die Kinder eine Veränderung wahr, schließlich sind sie ein Teil unseres „Systems" und spüren deutlich die Energien zwischen uns, ohne sich dessen vielleicht überhaupt bewusst zu sein. Das bringt eine schöne Harmonie in unser Zuhause!

(Maria)

Diese Übung ist besonders geeignet, wenn Sie hohe Punktzahlen bei folgenden Glücksstrategien haben:

1 (Fähigkeit zur Dankbarkeit)
2 (Optimismus kultivieren)
10 (Lebensträume verwirklichen)

Glücksauswertung 7

Füllen Sie zu einem beliebigen Zeitpunkt innerhalb dieser Woche den Glückstest (S. 165 ff.) aus und bewahren Sie Ihre Ergebnisse so auf, dass Sie sie schnell wiederfinden können. Vergleichen Sie sie außerdem mit den Ergebnissen vorangegangener Durchgänge.

Woche 31

Dinge, durch die Sie sich gut fühlen

Machen Sie eine Liste der Dinge, die Ihre Dankbarkeit und Freude ganz besonders stimulieren. Dies können Menschen, Orte oder Handlungen sein, die Sie besonders berühren und Ihr Herz öffnen. Lassen Sie die Liste an einem Platz liegen, wo Sie sie im Verlauf der Woche ergänzen können. Blättern Sie auch gern durch Ihr Dankbarkeitstagebuch und Ihre Notizen der vergangenen Wochen, um dort Inspiration zu finden. Diese Liste werden wir in der Übung der kommenden Woche verwenden, verwahren Sie sie also gut.

Es wirkt sich unglaublich stark auf die Selbsterkenntnis und das Selbstwertgefühl aus, jeden Tag mit Wertschätzung zu arbeiten.

(Linda)

Diese Übung ist besonders geeignet, wenn Sie hohe Punktzahlen bei folgenden Glücksstrategien haben:

1 (Fähigkeit zur Dankbarkeit)
2 (Optimismus kultivieren)
8 (Flow-Erfahrungen erzeugen)
9 (Die Freuden des Lebens genießen)
10 (Lebensträume verwirklichen)

Woche 32

Herzkontakt

Holen Sie die Dankbarkeitsliste hervor, die Sie während der vergangenen Woche geschrieben haben. Nehmen Sie sich mindestens fünf Minuten Zeit, in denen Sie ungestört sind. Lesen Sie für ausführlichere Informationen zuvor das Kapitel auf Seite 162 („Zusammenarbeit zwischen Herz und Hirn"). Nähern Sie sich Ihrem Herzen durch die unten beschriebene Technik, die von HeartMath und der Metta-Meditation (Liebende-Güte-Meditation) inspiriert ist.

Sitzen, liegen oder stehen Sie mit offenen Augen und weichem Blick. Atmen Sie ruhig und tief in den Bauch hinein, mit Atemzügen, bei denen die Einatmung zwischen drei und fünf Sekunden dauert. Lassen Sie die Ausatmung ebenso lang dauern wie die Einatmung. Atmen Sie in diesem Takt weiter und richten Sie Ihre ganze Aufmerksamkeit auf den Bereich um Ihr Herz. Möglicherweise hilft es Ihnen, eine Hand aufs Herz zu legen. Stellen Sie sich vor, Sie würden durch Ihr Herz ein- und ausatmen.

Wenn Sie diese „Herzatmung" gefunden haben, denken Sie an etwas, das Sie berührt (verwenden Sie gern die Liste, die Sie in der vorangegangenen Woche geschrieben haben), und lassen Sie es zu, dass Ihr Herz tief berührt wird. Atmen Sie gleichmäßig und fahren Sie fort, sich auf die Gegend um Ihr Herz zu konzentrieren.

Nehmen Sie sich hierfür am besten täglich fünf bis zehn Minuten Zeit, gern auch häufiger. (Für mehr Klarheit und Inspiration finden Sie weitere Informationen über HeartMath in Kapitel 5.5.) Sollte es Ihnen schwerfallen, entspannt zu atmen, denken Sie daran, dass Sie liegen, sitzen, stehen oder langsam gehen können, während Sie die Übung durchführen. Finden Sie den Weg, der sich für Sie am besten anfühlt.

Falls Sie merken, dass Sie leicht die Konzentration verlieren, führen Sie die Übung einfach öfter und kürzer durch. Behalten Sie die Augen offen. Genau wie viele andere Übungen verliert auch diese ihre Kraft, wenn wir uns darauf fixieren, Leistung zu erbringen. Oder anders ausgedrückt: Im Kampf um Ergebnisse torpedieren wir die Übung. Die besten Resultate werden sich zeigen, wenn Sie sich eher auf das „Sein" als auf das „Tun" konzentrieren. Dies können Sie erreichen, indem Sie jedem neuen Atemzug Beachtung schenken und sich daran erinnern, dass es keinen Grund zur Eile gibt – nichts Bestimmtes muss erreicht werden. Es geht eher darum *einzuladen*, als darum, ein Ziel zu *erreichen*.

Hier sind einige Gedanken dazu, die im Rahmen der Testgruppe geäußert wurden:

Wenn ich nichts Konkretes finde, das meine Freude weckt, ist es manchmal schwer, eine Verbindung zum Herzen herzustellen, weil es nicht deutlich spürbar ist. Dann lege ich eine Hand auf mein Herz und das hilft oft.

(Marianne)

Diese Woche habe ich versucht, die Übungen mit dem Atmen und dem Fokus auf das Herz zu machen. Ich wollte mich einer Sache widmen, die ich in der vorangegangenen Woche auf die Liste geschrieben hatte. Es ging einfach nicht. Ich fühlte mich nur gestresst. Es war, als wolle der Körper nicht. Gehe ich hingegen hinaus und gehe und gehe, während ich gleichzeitig die Übung durchführe, klappt es wunderbar, und darüber bin ich froh. Offenbar kann ich so leichter entspannen.

(Elisabeth)

Wenn ich an eine weiche Stelle in meinem Inneren komme, lasse ich die Erinnerung an die Wertschätzung los und konzentriere mich auf das Herz. Für mich geht es genau darum: sich auf das zu konzentrieren, was dem Herzen hilft, zu leben und warm und weich zu sein, aber dann bereit sein, das Ereignis loszulassen.

(Mia)

Diese Übung ist besonders geeignet, wenn Sie hohe Punktzahlen bei folgenden Glücksstrategien haben:

1 (Fähigkeit zur Dankbarkeit)
11 (Religion und Spiritualität)
12 (Sich um den Körper kümmern)

Woche 33

Mit dem Herzen handeln

1. Führen Sie die Übung aus Woche 32 für eine Weile jeden Tag aus, wenn möglich auch unmittelbar vor dem nun folgenden Schritt 2.

2. Äußern Sie einmal am Tag mindestens einer Person gegenüber Wertschätzung. Spüren Sie währenddessen aufmerksam in die Herzgegend.

Am Ende der Woche fassen Sie zusammen, wie diese Übung auf Sie gewirkt hat. Machen Sie auch gerne mit der Übung aus Woche 32 weiter, jeden Tag oder in Verbindung mit dieser Übung.

Es ist so heftig, die Atmung scheint wie ein großes inneres Dankbarkeitsventil zu funktionieren.

(Carola)

Das Herz ist wirklich eine Art Mittelpunkt, es ist nah an allem. Genau dort verschmilzt alles und die Dinge ergeben sich.

(Aus einem Gespräch in der Wertschätzungsgruppe)

Diese Übung ist besonders geeignet, wenn Sie hohe Punktzahlen bei folgenden Glücksstrategien haben:

1 (Fähigkeit zur Dankbarkeit)
11 (Religion und Spiritualität)
12 (Sich um den Körper kümmern)

Woche 34

Dankbarkeitsorte

Während dieser Woche möchte ich mit Ihnen erforschen, wie unterschiedliche Umgebungen Dankbarkeit in Ihnen hervorrufen. Führen Sie die Übung so häufig wie möglich in verschiedenen Umgebungen aus. Vielleicht möchten Sie niederschreiben, was Sie jeweils erfahren haben, sodass Sie gegen Ende der Woche die Wirkung der Orte vergleichen können. Sie wissen selbst am besten, welche Umgebungen Ihre Dankbarkeit hervorrufen – führen Sie die Übung also an solchen Orten durch, drinnen oder draußen, von denen Sie bereits wissen, dass sie eine besondere Wirkung auf Sie haben.

Erlauben Sie sich gleichzeitig, mit neuen Umgebungen zu experimentieren – vielleicht werden Sie überrascht!

Führen Sie die Übung mindestens einmal draußen durch. Vielleicht finden Sie Ihren ganz speziellen „Garten der Dankbarkeit"? Sehen Sie sich einfach um, während Sie sitzen, liegen, gehen oder stehen, und spüren Sie in sich hinein. Vielleicht fühlen Sie sich dankbar für etwas, das Sie gerade erleben? Welche Aspekte sind es genau, die Ihre Dankbarkeit wecken? Wenn Sie mögen, können Sie HeartMath anwenden: Atmen Sie mit tiefen, gleichmäßigen Atemzügen, konzentrieren Sie sich auf Ihr Herz und denken Sie an etwas, das Sie froh oder dankbar macht, wie auf Seite 162 beschrieben.

Am intensivsten erlebe ich Dankbarkeit, wenn ich draußen bin. In der Natur zu sein triggert die Dankbarkeit für das Lebendige in mir. Es ist, als würden mehrere meiner Sinne berührt. Ich fühle die Luft an meinen Wangen, die Nässe herabtropfenden Wassers, wenn der Schnee auf dem Dach meines Hauses schmilzt, den Geruch von Tannennadeln und die wohlbekannten Geräusche. All das erinnert mich an das Leben und daran, dass ich ein Teil davon bin.

Meine üblichen Dankbarkeitsorte drinnen sind entweder am Kaminfeuer oder an dem großen Fenster, das auf den Garten hinausgeht. Aber nun habe ich neue Orte ausprobiert … Es war keine Neuigkeit für mich, dass ich Dankbarkeit spürte, als ich unter der Dusche stand und das Wasser an meiner Haut hinablief, aber dass ich die Zeit, die ich auf der Toilette saß, für eine Runde Dankbarkeit nutzen konnte, das war spannend und erfüllend. So inspiriert, probierte ich weitere Orte aus, und siehe da: Während ich in einer langen Schlange im Supermarkt stand, nutzte ich die Zeit, um Dankbarkeit hervorzurufen. Es funktionierte! Nun kann ich viele Stunden genießen, die zuvor die Pest waren.

(Birgitta)

Diese Übung ist besonders geeignet, wenn Sie hohe Punktzahlen bei folgenden Glücksstrategien haben:

8 (Flow-Erfahrungen erzeugen)
11 (Religion und Spiritualität)
12 (Sich um den Körper kümmern)

Woche 35

Dankbarkeitsspaziergang

Machen Sie einen Spaziergang, gerne in einer Umgebung, in der es Ihnen in der vorangegangenen Übung leichtfiel, Dankbarkeit zu erleben. Vielleicht am Strand, im Wald oder gehen Sie auf einem Pfad den Berg hinauf. Gehen Sie langsam und konzentrieren Sie sich die ganze Zeit auf Ihr Herz. Lassen Sie sich von der Umgebung berühren und machen Sie sich jeden Ihrer Schritte bewusst.

Gehen Sie in dieser Woche so oft spazieren, wie Sie mögen, und genießen Sie es. Die Spaziergänge können wenige Minuten dauern, oder auch Stunden.

Die folgenden Worte Thich Nhat Hanhs helfen mir, die Kraft in dieser Übung zu verstehen und sie noch mehr zu genießen.

> Der Geist mag vielleicht in tausend Richtungen gehen,
> aber ich wandere in Frieden auf diesem schönen Pfad.
> Bei jedem Schritt weht ein sanfter Wind,
> bei jedem Schritt öffnet sich eine Blüte.
>
> (Thich Nhat Hanh[39])

Die Natur bringt mich dazu, mich wirklich bis tief in meine Seele hinein zu entspannen! Ich bin so dankbar für den Frieden, den sie mir gibt.

(Lennart)

Diese Übung ist besonders geeignet, wenn Sie hohe Punktzahlen bei folgenden Glücksstrategien haben:

8 (Flow-Erfahrungen erzeugen)
11 (Religion und Spiritualität)
12 (Sich um den Körper kümmern)

Woche 36

Quartalsauswertung

Reflektieren Sie in dieser Woche, was sich bisher durch das Training ergeben und verändert hat. Nehmen Sie sich Zeit, in Ihrem Dankbarkeitstagebuch und in den Notizen und Aufzeichnungen zu lesen, die Sie bislang angefertigt haben. Erscheint Ihnen diese Übung nicht bedeutsam, können Sie eine der früheren Übungen wiederholen (Woche 37) oder zu Woche 38 springen.

Nehmen Sie sich Zeit zu feiern, was Sie bislang getan haben, um mehr Glück und Dankbarkeit in Ihr Leben einzuladen. Überlegen Sie: Was hat es Ihnen gegeben, sich auf Dankbarkeit zu fokussieren? Denken Sie auch darüber nach, wie Sie weiter vorgehen möchten. Vielleicht kann eine der folgenden Fragen Ihnen dabei behilflich sein.

1. Lassen Sie die bisher durchgeführten Aufgaben Revue passieren: Haben Sie eine oder mehrere Lieblingsübungen?
2. Haben Sie bei einer Übung Zweifel, ob Sie überhaupt einen Nutzen daraus ziehen? Falls ja: Was können Sie daraus lernen – etwa darüber, welche Glücksstrategien für Sie am passendsten sind?
3. Was hat Ihnen geholfen, mit den Übungen fortzufahren?
4. Was hat es herausfordernd für Sie gemacht fortzufahren? Lässt sich darin ein Muster erkennen?

Diese Übung ist besonders geeignet, wenn Sie hohe Punktzahlen bei folgenden Glücksstrategien haben:

2 (Optimismus kultivieren)
3 (Vergleiche und Grübeleien vermeiden)
8 (Flow-Erfahrungen erzeugen)
9 (Die Freuden des Lebens genießen)
10 (Lebensträume verwirklichen)

Glücksauswertung 8

Beantworten Sie im Verlauf dieser Woche erneut die Fragen des Glückstests (S. 165 ff.). Bewahren Sie Ihre Ergebnisse wie immer gut auf, sodass Sie sie leicht wiederfinden. Nachdem Sie den Test durchgeführt haben, vergleichen Sie die Zahlen mit den Ergebnissen der vorangegangenen Testdurchläufe.

Woche 37

Wählen Sie eine Übung

Die Reflexionen der vorangegangenen Woche haben Ihnen womöglich einige wertvolle Hinweise darauf gegeben, welche Art von Übung Ihnen den meisten Nutzen bringt. Daher fällt es Ihnen hoffentlich leicht, eine der vorangegangenen Übungen auszuwählen, die Sie noch einmal machen möchten.

Menschen sagen mir häufig, dass Sie folgende Übungen sehr gern regelmäßig machen: sich selbst und anderen Wertschätzung entgegenbringen, nichts tun und ein Dankbarkeitstagebuch führen.

Diese Übung ist besonders geeignet, wenn Sie hohe Punktzahlen bei folgenden Glücksstrategien haben:

2 (Optimismus kultivieren)
3 (Vergleiche und Grübeleien vermeiden)
8 (Flow-Erfahrungen erzeugen)
9 (Die Freuden des Lebens genießen)
10 (Lebensträume verwirklichen)

Woche 38

Körperwertschätzung

Verwenden Sie täglich etwas Zeit darauf, Ihren Körper wertzuschätzen. Sie können dabei sitzen, stehen, liegen oder gehen. Beginnen Sie, indem Sie hineinspüren, wie sich Ihr Körper in diesem Moment anfühlt. Konzentrieren Sie sich eine Weile auf die Stellen, die sich behaglich anfühlen. Nehmen Sie dann Kontakt mit Ihrem Herzen auf. Es schlägt und schlägt, Minute für Minute, Stunde um Stunde, Tag um Tag, Jahr um Jahr. Schätzen Sie einen Aspekt Ihres Herzens besonders? Sind Sie für seine Arbeit dankbar?

Stellen Sie dann eine Verbindung mit anderen Organen her. Nehmen Sie wahr: Was tut dieses Organ für Sie? Schätzen Sie etwas an diesem Organ? Gibt es etwas anderes, wofür Sie Ihren Körper wertschätzen?

Zwingen Sie sich nicht zur Wertschätzung, weil Sie glauben, Sie „sollten" für irgendetwas dankbar sein. Nehmen Sie einfach nur wahr, ob Sie Dankbarkeit spüren, ohne Ihr Empfinden zu beurteilen. Fassen Sie gern am Ende der Woche zusammen, was Sie gelernt und erfahren haben.

Das war die bislang schwierigste Übung für mich. Währenddessen tauchte viel Unbehagen meinen Körper betreffend auf und ich hätte die Übung am liebsten sofort abgebrochen. Aber dann gab es Momente, in denen ich mich daran erinnerte, was für Wunderwerke unsere Körper sind und was für erstaunliche Prozesse in uns ablaufen. Das war herrlich. Ich merke, dass ich hier noch etwas Arbeit vor mir habe.

(Marianne)

Diese Übung ist besonders geeignet, wenn Sie hohe Punktzahlen bei folgenden Glücksstrategien haben:

9 (Die Freuden des Lebens genießen)
11 (Religion und Spiritualität)
12 (Sich um den Körper kümmern)

Woche 39

Für das Selbstverständliche danken

In seinem Buch „How Then, Shall We Live“[40] beschreibt Wayne Muller, wie er morgens dafür dankt aufzuwachen und dafür, dass Gott in ihn zurückgekehrt ist. Mullers Worte erinnern mich daran, wie gut ich mich dabei fühle, auch das scheinbar Selbstverständliche zu würdigen.

Nehmen Sie sich zu Beginn etwas Zeit, um darüber nachzudenken, was Ihnen in Ihrem Leben selbstverständlich erscheint, obwohl Sie bei genauerem Hinsehen sehr dankbar dafür sind.

Schreiben Sie diese Dinge auf, sodass Sie sich in dieser Woche so häufig wie möglich daran erinnern können.

Denken Sie außerdem oft an diese Dinge, erinnern Sie sich an Ihre Dankbarkeit. Sie können dies irgendwann im Laufe des Tages machen oder sich eine bestimmte Zeitspanne aussuchen, etwa zehn Minuten am Morgen.

Vielleicht möchten Sie morgens beginnen und dafür danken, dass Sie erwacht sind, dass Sie die Augen öffnen und sich strecken können, für das erste Mal an diesem Tag, dass Ihre Füße den weichen Teppich vor Ihrem Bett berühren. Sie können fortfahren und dafür danken, dass Sie atmen können und es genug Sauerstoff für Sie gibt. Während Sie sich anziehen, können Sie dafür danken, wie sich der Stoff auf Ihrer Haut anfühlt. Sie können sich bedanken, dass Sie hören, sehen und sich bewegen können. Sie können dafür danken, dass es Farben gibt, und für alles andere, das Ihnen einfällt.

Ich wundere mich darüber, wie ich all dies verpassen konnte. Ich staune, dass es sooooo viel Schätzenswertes gibt, das ich nie richtig gesehen habe, und bin zu Tränen gerührt.

(Marianne)

Nachdem ich die „Selbstverständlichkeiten" identifiziert hatte, für die ich dankbar bin, wurden sie weniger selbstverständlich für mich. Sich jeden Morgen etwas Zeit zu nehmen, bereits bevor man das Bett verlässt, um für das Leben zu danken, tut mir gut. Es gibt mir mehr Möglichkeiten, den Rest des Tages zu genießen und auch das auszuhalten, was schiefläuft.

(Birgitta)

Diese Übung ist besonders geeignet, wenn Sie hohe Punktzahlen bei folgenden Glücksstrategien haben:

3 (Vergleiche und Grübeleien vermeiden)
6 (Bewältigungsstrategien entwickeln)
8 (Flow-Erfahrungen erzeugen)
11 (Religion und Spiritualität)

Woche 40

Ein Vorbild wertschätzen

Schreiben Sie in dieser Woche Ihre Wertschätzung für eine andere Person nieder, die Ihrem Empfinden nach einen Beitrag für die Menschheit oder die Erde geleistet hat, für den Sie ehrlich dankbar sind. Es kann eine prominente Person sein, jemand, der bereits gestorben ist, oder jemand, der lebt. Wählen Sie eine Person aus, die ein Vorbild für die Welt ist. Jemand, dessen Wirken Ihrer Ansicht nach alle Menschen würdigen sollten.

Schreiben Sie auf, welche Handlungen Sie schätzen, was Sie fühlen, wenn Sie daran denken, und welche Ihrer Bedürfnisse dadurch erfüllt werden. Nehmen Sie sich Zeit, tief einzutauchen.

Nehmen Sie wahr, was in Ihrem Inneren vor sich geht, wenn Sie dies tun, und lassen Sie tiefe Dankbarkeit zu.

Vielleicht möchten Sie die Übung jeden Tag durchführen und jedes Mal ein anderes Vorbild in den Blick nehmen oder aber Sie schreiben in einer „Trainingseinheit“ über mehrere Vorbilder.

Ich glaube, es sind Überzeugungskraft und brennende Leidenschaft, die am stärksten auf mich wirken, wenn ich an Menschen denke, die sich engagieren. Es gibt mir Hoffnung, dass Dinge verändert werden können, auch wenn es manchmal viel Zeit braucht. Ich fühle mich bloß so ungeduldig und kann nicht verstehen, wie zum Beispiel Nelson Mandela es geschafft hat, auszuharren und seine Überzeugung nicht zu verlieren, dass sich ein Weg finden würde. Man stelle sich vor, so geduldig und klar zu sein. Ich fühle mich so warm und stark ums Herz, wenn ich daran denke. Ich weiß nicht, ob es Dankbarkeit ist, die ich erlebe, oder eher Inspiration, die mich dankbar macht.

(Elisabeth)

Diese Übung ist besonders geeignet, wenn Sie hohe Punktzahlen bei folgenden Glücksstrategien haben:

2 (Optimismus kultivieren)
9 (Die Freuden des Lebens genießen)
10 (Lebensträume verwirklichen)

Woche 41

Wertschätzung äußern

Äußern Sie in dieser Woche mindestens einmal pro Tag Wertschätzung gegenüber jemandem in Ihrer Umgebung. Oder bringen Sie mehreren Personen am gleichen Tag Wertschätzung entgegen, wenn Ihnen dies besser passt.

Nutzen Sie gern mehrere Gelegenheiten und wenden Sie sich an verschiedene Personen. Beobachten Sie dabei die Wirkung auf Ihr Inneres. Stellen Sie Kontakt mit den Personen her und erzählen Sie, was Sie den- oder diejenige(n) haben tun sehen bzw. sagen hören, was Sie fühlen, wenn Sie daran denken, und welche Ihrer Bedürfnisse dadurch erfüllt wurden.

Vielleicht möchten Sie den anderen auch fragen, wie es für ihn ist, die Wertschätzung zu hören. Sollte ein persönliches Treffen nicht möglich sein, rufen Sie an oder schreiben Sie. Notieren Sie am Ende der Woche, was Sie gelernt haben.

Ich merke, wie gern ich Wertschätzung gebe, es macht mich innerlich so heiter. Ich möchte gerne darüber sprechen, wenn jemand etwas gesagt oder getan hat, das mich berührt.

(Elisabeth)

Diese Übung ist besonders geeignet, wenn Sie hohe Punktzahlen bei folgenden Glücksstrategien haben.

1 (Fähigkeit zur Dankbarkeit)
4 (Hilfsbereit sein)
5 (Beziehungen pflegen)
7 (Lernen zu vergeben)

Glücksauswertung 9

Machen Sie im Verlauf der Woche den Glückstest (S. 165 ff.). Bewahren Sie die Ergebnisse an einem sicheren Ort auf, sodass Sie sie leicht wiederfinden. Nachdem Sie den Test durchgeführt haben, vergleichen Sie Ihre Ergebnisse mit den Werten der vorangegangenen Testdurchgänge.

Woche 42

Danken Sie Ihren Sinnen

Nehmen Sie sich jeden Tag etwas Zeit, in der Sie weitestgehend ungestört sind oder zumindest mit niemandem sprechen. Stellen Sie Kontakt zu Ihren Sinnen her: Tastsinn, Hörsinn, Sehen, Schmecken und Riechen. (Sollten Sie taub oder blind sein oder keinen Geschmacks- oder Geruchssinn haben, lassen Sie diesen Sinn einfach aus.) Nehmen Sie aufmerksam wahr, was geschieht, und fragen Sie sich, ob das, was Sie erleben, eine Nuance von Dankbarkeit in Ihnen erweckt. Führt die Verbindung zu Ihren Sinnen dazu, dass Sie etwas besonders wertschätzen? (Denken Sie daran: Wenn Sie gewisse Gefühle erwarten und glauben, Sie sollten dankbar sein, so wird gerade dies vermutlich nicht eintreten, da Dankbarkeit im Licht der Freiheit erblüht.)

Am Anfang hat es bei mir überhaupt nicht funktioniert – bis ich darauf kam, wenn ich mich auf das Sehen konzentrierte, still zu mir selbst zu sagen: „Danke, dass ich sehen kann“. Dann fuhr ich mit dem Hören fort: „Danke, dass ich hören kann“ und so weiter. Jedes Mal wurde ich von Dankbarkeit erfüllt. Ich verstand, dass ich diese Gaben meist als selbstverständlich angesehen hatte.

(Linda)

Diese Übung ist besonders geeignet, wenn Sie hohe Punktzahlen bei folgenden Glücksstrategien haben:

2 (Optimismus kultivieren)
9 (Die Freuden des Lebens genießen)
12 (Sich um den Körper kümmern)

Woche 43

Wertschätzung für Ihre Vorfahren

In vielen Kulturen und Traditionen erinnert man sich regelmäßig an seine Vorfahren. Dies geschieht auf viele unterschiedliche Arten und beinhaltet meist einen Dank für alles, was durch die Errungenschaften früherer Generationen vorhanden ist. Lassen Sie uns das Gleiche tun.

Sie können diese Übung so oft machen, wie Sie mögen, und in der Form, die Ihnen am geeignetsten scheint. Wählen Sie eine Person, die vor Ihnen gelebt hat, zum Beispiel Ihre Großmutter, Ihren Großvater oder jemand aus einer noch früheren Generation. Schreiben Sie einen Brief an diesen Menschen oder schreiben Sie eine Rede, ein Lied oder ein Gedicht. Vielleicht möchten Sie mehrere Menschen im gleichen Brief adressieren oder persönliche Briefe an jeden Ihrer Vorfahren schreiben – wählen Sie das Vorgehen, das für Sie am besten passt. Sie können mit Beobachtungen beginnen und notieren, was Sie diese Menschen haben tun sehen oder sagen hören. Erzählen Sie, was Sie darüber denken, und verknüpfen Sie es mit Ihren Bedürfnissen, die gerade jetzt dadurch genährt werden.

Selbst wenn es Dinge gibt, die Sie nicht schätzen, konzentrieren Sie sich auf das, was Sie schätzen. Nehmen Sie sich Zeit, das Geschriebene laut zu lesen, und genießen Sie die Dankbarkeit, die Sie fühlen.

Ich fand die Übung erst ziemlich schwammig. Dann machte ich mir bewusst, dass ich ohne meine Vorfahren überhaupt nicht auf der Welt wäre, und da war es leicht, Dankbarkeit zu erleben.

(Lennart)

Diese Übung ist besonders geeignet, wenn Sie hohe Punktzahlen bei folgenden Glücksstrategien haben:

6 (Bewältigungsstrategien entwickeln)
7 (Lernen zu vergeben)

Woche 44

Wertschätzen Sie sich selbst für die vergangenen 24 Stunden

Indem wir uns selbst Wertschätzung entgegenbringen, können wir Kraft und Inspiration tanken. Deshalb kehren wir zu der Übung aus der 22. Woche zurück, diesmal in einer Variante.

Nehmen Sie sich etwas Zeit und seien Sie freundlich zu sich selbst. Schreiben Sie etwas auf, das Sie in den vergangenen 24 Stunden getan haben und wofür Sie ehrlich dankbar sind.

Stellen Sie dann eine Verbindung zu Ihren Bedürfnissen her, die durch Ihr Handeln erfüllt wurden. Stellen Sie auch Kontakt zu den Gefühlen her, die der Gedanke an Ihr Tun in Ihnen weckt. Vielleicht möchten Sie die Kette auch weiterverfolgen und überlegen, was Sie erhalten haben, das Ihnen Ihr Tun erst ermöglicht hat.

Nehmen Sie aufmerksam wahr, ob Sie einen Unterschied zwischen dieser Übung und anderen Übungen spüren, in denen Sie sich selbst Wertschätzung entgegenbrachten.

Ich spüre innerlich oft ein deutliches Gefühl von Freude, wenn ich ganz konkret beschreibe, was ich wertschätze. Aber manchmal ist es auch anders. Manchmal kann auch etwas sehr Abstraktes mir ein sehr starkes Gefühl geben.

(Mats)

Diese Übung ist besonders geeignet, wenn Sie hohe Punktzahlen bei folgenden Glücksstrategien haben:

3 (Vergleiche und Grübeleien vermeiden)
6 (Bewältigungsstrategien entwickeln)
9 (Die Freuden des Lebens genießen)
11 (Religion und Spiritualität)

Woche 45

Nichts tun

Nehmen Sie sich an jedem Tag dieser Woche fünf Minuten Zeit, in denen Sie nichts tun. Lesen Sie gern noch einmal den Text über den Sabbat (Kapitel 2, S. 31 ff.) sowie die Instruktionen für Woche 7.

Schreiben Sie nach Ablauf der Woche eine reflektierende Zusammenfassung, in der Sie notieren, was mit Ihrem Herzen und mit Ihrem Gefühl von Dankbarkeit geschehen ist.

Diese Übung ist besonders geeignet, wenn Sie hohe Punktzahlen bei folgenden Glücksstrategien haben:

6 (Bewältigungsstrategien entwickeln)
8 (Flow-Erfahrungen erzeugen)
9 (Die Freuden des Lebens genießen)
11 (Religion und Spiritualität)
12 (Sich um den Körper kümmern)

Woche 46

Wertschätzung äußern

Äußern Sie in dieser Woche mindestens einmal pro Tag Wertschätzung gegenüber jemandem in Ihrer Umgebung. Nutzen Sie am besten mehrere Gelegenheiten und richten Sie sich an verschiedene Personen. Nehmen Sie dabei wahr, wie das Äußern von Wertschätzung auf Sie wirkt.

Stellen Sie Kontakt mit der jeweiligen Person her und erzählen Sie, was Sie sie haben tun sehen oder sagen hören, was Sie fühlen, wenn Sie daran denken, und welche Bedürfnisse dadurch erfüllt wurden.

Vielleicht möchten Sie sich auch erkundigen, wie es sich für Ihr Gegenüber anfühlt, die wertschätzenden Äußerungen zu hören. Sie müssen nicht immer persönlich kommunizieren. Sollten Sie und der Adressat räumlich getrennt sein, können Sie ihn anrufen oder aber ihm schreiben.

Fassen Sie Ihre Erfahrungen gern am Ende der Woche schriftlich zusammen.

Diese Übung ist besonders geeignet, wenn Sie hohe Punktzahlen bei folgenden Glücksstrategien haben:

1 (Fähigkeit zur Dankbarkeit)
4 (Hilfsbereit sein)
5 (Beziehungen pflegen)
7 (Lernen zu vergeben)

Woche 47

Dank und Gratulation!

Bereiten Sie sich auf den Geburtstag eines Menschen aus Ihrem Umfeld vor. Wählen Sie eine Person, die Sie schätzen, jemanden, der auf die eine oder andere Weise wichtig für Sie ist. Schreiben Sie eine Dankesrede zu ihrem oder seinem nächsten Geburtstag. Es kann eine Rede sein, von der Sie bereits jetzt wissen, dass Sie sie nie halten werden. Es kann aber genauso gut eine Rede sein, die Sie wirklich mit anderen teilen möchten.

Daraus kann auch ein Brief werden, den Sie dem Geburtstagskind schicken, oder einfach eine Auflistung von Stichworten, die Sie gern mitteilen möchten.

Machen Sie die Übung im Verlauf dieser Woche so oft Sie mögen und schreiben Sie so vielen Menschen, wie Ihr Herz erreichen möchte. Vielleicht möchten Sie auch einen Brief vor Ihrem eigenen Geburtstag schreiben und auflisten, wofür Sie im vergangenen Jahr besonders dankbar waren?

Nehmen Sie wahr, wie es sich anfühlt – sowohl das Schreiben selbst als auch das anschließende laute Lesen Ihrer Rede.

Diese Übung ist besonders geeignet, wenn Sie hohe Punktzahlen bei folgenden Glücksstrategien haben:

3 (Vergleiche und Grübeleien vermeiden)
4 (Hilfsbereit sein)
5 (Beziehungen pflegen)
7 (Lernen zu vergeben)

Glücksauswertung 10

Füllen Sie innerhalb dieser Woche den Glückstest (S. 165 ff.) aus. Bewahren Sie die Ergebnisse gut auf und vergleichen Sie sie mit den Ergebnissen der vorangegangenen Testdurchläufe.

Woche 48

Wer wünscht sich Wertschätzung?

Fragen Sie in dieser Woche mindestens drei Personen, ob sie Wertschätzung von Ihnen empfangen möchten. Wählen Sie am besten ganz unterschiedliche Menschen – vielleicht alle an einem Tag oder an drei Tagen jeweils eine Person. Sie können Familienmitglieder fragen, Freunde oder auch Arbeitskollegen. Experimentieren Sie auch damit, wie Sie Ihre Frage vorbringen. Sollten Sie ein Nein erhalten, überlegen Sie, ob Sie Ihre Frage einladender formulieren können.

Erzählen Sie davon, was Sie die Person haben tun sehen oder sagen hören, was Sie bei dem Gedanken daran fühlen und welche Ihrer Bedürfnisse dadurch erfüllt wurden.

Vielleicht möchten Sie den anderen auch fragen, wie es sich für ihn oder sie anfühlt, Ihre Wertschätzung entgegenzunehmen. Sollte ein persönliches Treffen nicht möglich sein, greifen Sie zum Telefon oder schreiben Sie.

Notieren Sie, was in Ihrem Inneren vor, während und nach der Wertschätzung vor sich geht.

Diese Übung ist besonders geeignet, wenn Sie hohe Punktzahlen bei folgenden Glücksstrategien haben:

3 (Vergleiche und Grübeleien vermeiden)
4 (Hilfsbereit sein)
5 (Beziehungen pflegen)
7 (Lernen zu vergeben)

Woche 49

Wertschätzen Sie sich selbst

Nehmen Sie sich jeden Tag oder mindestens dreimal in dieser Woche Zeit, um sich selbst Wertschätzung entgegenzubringen. Sie können dabei vorgehen wie in Woche 22 und Woche 44 vorgeschlagen.

Schreiben Sie jedes Mal etwas auf, das Sie getan haben und ehrlich schätzen. Es kann sich dabei um etwas handeln, das sich erst in den letzten 24 Stunden ereignet hat, oder um eine Handlung aus früherer Zeit. Ob es eine große oder eine kleine Sache war, spielt keine Rolle.

Nehmen Sie dann Verbindung mit den Bedürfnissen auf, die durch diese Handlung erfüllt wurden. Stellen Sie auch Kontakt mit den Gefühlen her, die dabei in Ihnen geweckt werden.

Überlegen Sie sich, ob Sie die Übung am liebsten morgens durchführen möchten, am Abend, bevor Sie schlafen gehen, oder zu einer anderen Tageszeit. Schreiben Sie am Ende der Woche gern eine Zusammenfassung Ihrer Reflexionen.

Diese Übung ist besonders geeignet, wenn Sie hohe Punktzahlen bei folgenden Glücksstrategien haben:

2 (Optimismus kultivieren)
3 (Vergleiche und Grübeleien vermeiden)
6 (Bewältigungsstrategien entwickeln)

Woche 50

Zukunftstraum

Wenn Sie einen glücklichen Menschen suchen,
finden Sie jemanden mit einem Projekt.[41]

Malen Sie sich eine Version der Zukunft aus, in der für Sie alles so gut wie möglich gelaufen ist, in der Sie hart gearbeitet und es geschafft haben, Ihre Ziele und Träume zu verwirklichen. Vielleicht möchten Sie für einige Tage Tagebuch führen und sich unter der Überschrift „Was ich in der Zukunft zu tun und zu erleben hoffe" oder „Mein Zukunftstraum" ein Bild davon machen. Wenn Ihnen der Traum deutlich vor Augen steht, stellen Sie sich vor, wie Sie Wertschätzung und Dankbarkeit gegenüber sich selbst oder jemand anderem in der Situation äußern: Was würden Sie sagen?

Nehmen Sie sich zum Abschluss etwas Zeit und spüren Sie nach, wie es sich anfühlt und welche Bedürfnisse nun erfüllt sind.

Nehmen Sie sich gern hin und wieder im Verlauf dieser Woche etwas Zeit, um sich erneut mit Ihrem Zukunftsbild und der daraus resultierenden Dankbarkeit zu verbinden.

Sie können sich zum Beispiel vorstellen, wie ein gewöhnlicher Tag oder eine gewöhnliche Woche in Ihrem Traum aussieht, Sie können daran denken, was andere über Sie und Ihre Art zu leben sagen würden oder was Sie in dieser Zukunftswelt über einen längeren Zeitraum hinweg tun würden.

Das war für mich eine herausfordernde Übung!! Erst als ich eine konkrete Traumwoche in meiner Zukunft niedergeschrieben hatte, „bekam" ich es „hin". Da fühlte ich Dankbarkeit und eine wahnsinnig schöne Art von neugieriger Erwartung.

Diese Übung ist besonders geeignet, wenn Sie hohe Punktzahlen bei folgenden Glücksstrategien haben:

3 (Vergleiche und Grübeleien vermeiden)
6 (Bewältigungsstrategien entwickeln)
9 (Die Freuden des Lebens genießen)
10 (Lebensträume verwirklichen)

Woche 51

Erweitern Sie Ihr Herz und bringen Sie einem „Feind" Wertschätzung entgegen

Diese Übung könnte man als eine Art Test ansehen. Es geht darum zu erforschen, ob in Ihrem Herzen Wertschätzung und Dankbarkeit für jemanden zu finden sind, den Sie für gewöhnlich nicht besonders schätzen, ja, den Sie vielleicht sogar als Feind bezeichnen würden. So oder so – wählen Sie auf jeden Fall einen Menschen, der Ihnen nicht vollkommen gleichgültig ist. Konzentrieren Sie sich auf eine Handlung (aktuell oder in der Vergangenheit) dieser Person, die eines Ihrer Bedürfnisse erfüllte. Vielleicht empfinden Sie es als hilfreich, sich zunächst darauf zu konzentrieren, welche Bedürfnisse er oder sie zu erfüllen versuchte, also auf die ursprüngliche Absicht, deren Resultat durchaus schmerzhaft gewesen sein mag, für Sie oder auch für andere.

Manchmal hilft die Vorstellung, die Handlung, die Ihre Bedürfnisse erfüllte, sei von jemandem ausgeführt worden, den Sie leichter wertschätzen können. So entkoppeln Sie die Handlung von der Person und machen einen ersten Schritt in Richtung Dankbarkeit.

Ich möchte diese Übung mit ganz offenem Herzen machen, ich weiß, dass es möglich ist. Ich möchte meinen Herzmuskel dehnen, jede einzelne Zelle wecken.

(Johan)

Diese Übung ist besonders geeignet, wenn Sie hohe Punktzahlen bei folgenden Glücksstrategien haben:

4 (Hilfsbereit sein)
5 (Beziehungen pflegen)
6 (Bewältigungsstrategien entwickeln)
7 (Lernen zu vergeben)

Woche 52

Dankesrede an die wichtigste Person in Ihrem Leben

In dieser Woche nehmen Sie sich Zeit zu reflektieren: Lesen Sie in Ihrem Dankbarkeitstagebuch und Ihren Notizen; sichten Sie alles, was Sie in Zusammenhang mit den Übungen aufgeschrieben haben.

Nehmen Sie sich Zeit zu feiern, was Sie bislang getan haben, um mehr Glück und Dankbarkeit in Ihr Leben zu bringen. Denken Sie darüber nach, was Ihnen dadurch geschenkt wurde, dass Sie sich in den vergangenen zwölf Monaten auf Ihre Dankbarkeit konzentriert haben. Möchten Sie fortfahren, mehr Dankbarkeit in Ihr Leben einzuladen? Auf welche Weise? Gibt es eine bestimmte Übung, mit der Sie weitermachen wollen, oder möchten Sie vielleicht das gesamte Programm noch einmal durchlaufen? Oder möchten Sie Ihre Zeit für anderes nutzen, das Sie glücklich macht – möchten Sie meditieren, sich Ihren engen Beziehungen widmen oder mithilfe von Empathie alte Wunden heilen?

Sie könnten dieses Jahr der Dankbarkeit abschließen, indem Sie für sich selbst ein Fest bereiten und eine Dankesrede für sich selbst halten!

Oder Sie organisieren ein Fest, zu dem Sie andere einladen, für die Sie ebenfalls Dankesreden vorbereiten. Oder Sie bitten die Eingeladenen, Ihnen und den anderen Gästen in einer Rede von ihrer Dankbarkeit und Wertschätzung zu berichten.

Diese Übung ist besonders geeignet, wenn Sie hohe Punktzahlen bei folgenden Glücksstrategien haben:

1 (Fähigkeit zur Dankbarkeit)
6 (Bewältigungsstrategien entwickeln)
9 (Die Freuden des Lebens genießen)
10 (Lebensträume verwirklichen)

Auswertung und letzter Glückstest des Jahres

Nun, nachdem Sie alle Übungen absolviert haben, können Sie den Glückstest (S. 165 ff.) erneut machen. Vergleichen Sie Ihre Ergebnisse mit den früheren Testergebnissen. Vielleicht möchten Sie den Test auch in Zukunft regelmäßig durchführen, um nicht aus dem Blick zu verlieren, ob Sie das tun, was Sie glücklich macht, oder nicht.

Nehmen Sie sich außerdem etwas Zeit, um zu reflektieren, ob Sie weiterhin irgendeine Art von Glücksübungen machen möchten. Gibt es eine Übung, die Sie übersprungen haben und auf die Sie noch einmal zurückkommen möchten? Oder eine, die Sie vertiefen und länger als eine Woche durchführen möchten? Hat eine Übung Sie besonders berührt, sodass Sie sie hin und wieder in unregelmäßigen Abständen wiederholen möchten?

Vielleicht sind auch ganz andere Strategien aufgetaucht, die Ihr Dankbarkeitsfeuer am Leben erhalten. Etwas, dem Sie Zeit und Energie widmen möchten, um weiterhin Ihre Dankbarkeitsmuskeln zu trainieren. Was auch immer Sie tun, um Ihr Herz lebendig zu halten, ich wünsche Ihnen viel Glück dabei!

5.3 Wenn das Feuer der Motivation verglimmt

> *„Meine Motivation sinkt, wenn ich die Übungen mit der Haltung angehe, ich ‚müsse' sie machen. Weil ich nun mal gesagt habe, dass ich sie mache, oder sogar weil ich denke, es sei ‚gut für mich'."*

Mehrere Male nahm ich Anlauf, tägliche Dankbarkeitstagebücher zu schreiben, aber das Vorhaben verlief jedes Mal im Sande. Marshall Rosenberg und andere empfahlen es und ich fand, es klang nach einer guten Idee, also begann ich nach einer Weile erneut – mit dem gleichen Resultat. Und jedes Mal dachte ich, ich sei gescheitert, und ich kritisierte mich selbst, weil ich nicht erreichte, was ich mir vorgenommen hatte. Als ich später auf die Glücksforschung stieß, erhielt ich einige Antworten, die nicht zu Selbstvorwürfen führten. In „Glücklich sein"[42] etwa fasst Sonja Lyubomirsky Forschungsergebnisse zusammen, die zeigen, dass es mehr Glück schafft, mehrmals pro Woche in ein Dankbarkeitstagebuch zu schreiben als jeden Tag. Effekte und Vorlieben können von Mensch zu Mensch variieren, aber für alle gilt: Wichtig sind Variation, Achtsamkeit und Freiwilligkeit.

Ich hatte mich dem Schreiben mit der Intention angenähert, dass es „gut für mich sei" und „ich es *machen sollte*". Das machte das Schreiben des Dankbarkeitstagebuchs in etwa so angenehm wie ein langwieriger Zahnarztbesuch. Diese ambitionierte, aber unbegründete Einstellung bedrohte mein Erlebnis von Wahlfreiheit, statt mich mit Freude und Sinn zu erfüllen.

Wenn Sie feststellen, dass Ihre Motivation, die Übungen durchzuführen, nachlässt, kann das an einem der unten aufgeführten Gründe liegen. Vielleicht denken Sie:

1. *Ich bin so gelangweilt! Ich will das Ganze nur hinter mich bringen.*
   Ist Ihr zugrunde liegendes Bedürfnis Stimulanz oder vielleicht Sinn? Oder macht sich hier das Bedürfnis nach der Freiheit, selbst zu bestimmen, bemerkbar? Entdecken Sie in sich unerfüllte Bedürfnisse nach Freiheit und Sinn, dann überlegen Sie, ob Sie die Übungen *variiert* haben. Haben Sie ein Gefühl von Wahlfreiheit etabliert, indem Sie sie so oft oder so selten durchgeführt haben, wie Sie wünschten, und zu Zeiten, die Ihnen passten? Haben Sie sie auf eine Weise durchgeführt, die dazu beitrug, Ihr Bedürfnis nach Sinn und Bedeutung zu erfüllen? Sollten Sie entdecken, dass Sie die Übungen aus *Pflichtgefühl* absolviert haben, weil es *nützlich* war oder weil Sie sich schuldig fühlten, Ihr Leben nicht in die Hand zu nehmen, ist es wertvoll, erneut einen Blick auf Ihre Motivation zu werfen[43] und sich zu fragen, aus welchem Grund Sie die Übungen überhaupt machen möchten. Vielleicht hat diese innere Pflicht mit Gedanken zu tun, die auf den ersten Blick motivierend scheinen, wie: „Ich habe beschlossen, es zu tun, also bringe ich es auch zu Ende."

2. *Ist das hier wirklich sinnvoll? Was bringt es mir für einen Nutzen?*
   Hier könnte sich das Bedürfnis nach Sinn oder danach, Ergebnisse zu erzielen, in Erinnerung bringen.
   Wenn Sie sich in diesem Punkt wiedererkennen, wäre es für Sie vielleicht von Vorteil, die Übungen gezielt nach den zu Ihnen passenden Glücksstrategien auszuwählen. Schauen Sie sich noch einmal Ihre Antworten auf den Test in Kapitel 4.5 an und entscheiden Sie dann erneut, welche der Dankbarkeitsübungen Sie wirklich durchführen möchten. Denken Sie daran, dass Sie jederzeit Übungen überspringen oder eine Übung, die Sie schätzen, über einen längeren Zeitraum durchführen können. Verwenden Sie auch den Glückstest (S. 165 ff.), um Feedback über Ihre Fortschritte zu erhalten.

3. *Es macht keinen Spaß, das Programm allein zu absolvieren. Ich möchte etwas zusammen mit anderen machen.*
   Sollten Sie so fühlen, benötigen Sie womöglich Gesellschaft und sehnen sich danach, Teil einer Gemeinschaft zu sein.
   Vielleicht haben Sie im Glücksstrategie-Test hohe Punktzahlen beim Aspekt Beziehungspflege erreicht? Sollte dies der Fall sein, können Sie über verschiedene Strategien nachdenken, um Ihr Trainingsprogramm zu ergänzen. Sie können etwa einige interessierte Freunde um sich versammeln und die Übungen gemeinsam durchführen oder Sie finden regelmäßig einen Weg, das Gelernte auch anderen mitzuteilen. Die Glücksforschung zeigt: Können wir unsere Erkenntnisse mit anderen Menschen teilen, steigt das Glücksniveau.
   Eine weitere Möglichkeit wäre, häufiger den Typ von Übung zu wählen, bei dem Sie mit anderen interagieren, etwa wenn Sie anderen Wertschätzung entgegenbringen oder um Wertschätzung bitten. Zögern Sie nicht, ausschließlich diese Art von Übung durchzuführen, wenn es die einzige ist, die für Sie zu funktionieren scheint.

Erst als ich einen „Glücksfreund" gefunden hatte, spürte ich wirklich einen Übungseffekt. Als ich jemanden hatte, mit dem ich meine Einsichten und mein Feiern teilen konnte, wurden meine Fortschritte greifbarer und ich konnte mich viel leichter zum Weitermachen motivieren.

(Marianne)

Ich habe die ständig neuen Aufgaben so satt. Ich möchte nicht aufgeben, weil es gleichzeitig sehr interessant ist, aber ich fühle mich wie in einem Hamsterrad.[44]

Wahrscheinlich macht sich das Bedürfnis nach Ruhe und Erholung bemerkbar, wenn Ihnen solche Gedanken bekannt vorkommen. Dann kann es helfen, die Übungen nicht so häufig zu wechseln. Ein weiterer Tipp ist, die Übungen „Den Körper wertschätzen“, „Nichts tun“, „Danke für das Essen“, „Dankbarkeitsspaziergang“ und „Danke für heute!“ häufiger zu machen oder sie vor den anderen Übungen durchzuführen.

30-Tage-Challenge

Wenn Sie wissen, dass Sie etwas Begonnenes leicht „aufgeben“ oder es schwer finden, neue Gewohnheiten zu etablieren, können Sie die „30-Tage-Challenge“ ausprobieren. Wählen Sie eine Strategie, die sich für Sie spannend und natürlich anfühlt. Fassen Sie den Entschluss, alles dafür zu tun, dass Sie die Gewohnheit oder Strategie 30 Tage lang durchführen. Betrachten Sie alles, was Sie nach Ablauf der 30 Tage im Rahmen dieser Strategie tun, als Bonus und reflektieren Sie, ob Sie sich ein neues Ziel setzen möchten.

5.4 Welche Übungen passen am besten zu Ihnen?

Falls Sie die Übungen nicht in der vorgeschlagenen Reihenfolge machen möchten oder die Motivation verlieren, können Sie den folgenden „Spickzettel" nutzen, um herauszufinden, welche Übungen für Sie am besten geeignet sind. Beachten Sie, dass es sich hier nicht um eine unantastbare Wahrheit handelt, sondern um eine Inspiration, die Sie bei der Entscheidung unterstützen kann, denn am wichtigsten ist, wie Sie selbst die Übungen erleben. Die im Folgenden noch einmal aufgelisteten Glücksstrategien stammen aus dem Buch „Glücklich leben" von Sonja Lyubomirsky. Für die erste Strategie – die Fähigkeit, Dankbarkeit zu erleben – sind fast alle Übungen gut geeignet.

1. Fähigkeit, Dankbarkeit zu erleben
2. Optimismus kultivieren
3. Vergleiche und Grübeleien vermeiden
4. Hilfsbereit sein
5. Beziehungen pflegen
6. Bewältigungsstrategien entwickeln
7. Zu vergeben lernen
8. Flow-Erfahrungen erzeugen
9. Die Freuden des Lebens genießen
10. Lebensträume verwirklichen
11. Religion und Spiritualität praktizieren
12. Sich um den Körper kümmern und meditieren

Woche	Übung	Glücksstrategie
Woche 1	Dankbarkeitstagebuch	1,2,9,11
Woche 2	Dankbarkeit genießen	1,2,6,9
Woche 3	Wertschätzung gegenüber anderen	2,4,5,7
Woche 4	Äußern Sie Ihre Wertschätzung	2,4,5,7
Woche 5	Sich selbst wertschätzen	2,3,6,9
Woche 6	Dankbarkeitstagebuch	2,3,6,9,11
Woche 7	Nichts tun	6,8,9,11,12
Woche 8	Wertschätzung annehmen	3,5,6,9

Woche	Übung	Glücksstrategie
Woche 9	Um Wertschätzung bitten	3,5,6,9
Woche 10	Danke für heute!	1,2,3,9,11
Woche 11	Jemandem Wertschätzung entgegenbringen	1,4,5,7
Woche 12	Sich selbst wertschätzen	2,3,6,9
Woche 13	Quartalsauswertung	2,3,8,9,10
Woche 14	Wählen Sie eine Übung	2,3,8,9,10
Woche 15	Danke für das Essen!	1,9,11,12
Woche 16	Für erfüllte Bedürfnisse danken	1,2,9,11
Woche 17	Dankbarkeit an Bedürfnisse koppeln	2,8,9,11,12
Woche 18	Wer möchte Wertschätzung empfangen?	2,3,4,5,7
Woche 19	Den Körper wertschätzen	1,2,9,11,12
Woche 20	Gefühle weisen uns den Weg zu mehr Dankbarkeit	1, 2, 8,9,12
Woche 21	Wertschätzung äußern	1,4,5,7
Woche 22	Ihr Platz in der Kette des Gebens und Nehmens	2,5,7,11
Woche 23	Wertschätzen Sie Ihre Umgebung	3,9,11
Woche 24	Symbole für Dankbarkeit	1,8,9
Woche 25	Das Dankbarkeitsalbum	5,9,10
Woche 26	Halbjahresauswertung	3,8,9,10
Woche 27	Wählen Sie eine Übung	2,3,8,9,10
Woche 28	Wertschätzung gegenüber der Person, die Sie heute sind	6,7,10
Woche 29	Gesten der Dankbarkeit	9,10,12
Woche 30	Ein Vorbild wertschätzen	1,2,3,10
Woche 31	Dinge, durch die Sie sich gut fühlen	1,2,8,9,10

Woche	Übung	Glücksstrategie
Woche 32	Herzkontakt	1,11,12
Woche 33	Mit dem Herzen handeln	1,11,12
Woche 34	Dankbarkeitsorte	8,11,12
Woche 35	Dankbarkeitsspaziergang	8,11,12
Woche 36	Quartalsauswertung	2,3,8,9,10
Woche 37	Wählen Sie eine Übung	2,3,8,9,10
Woche 38	Körperwertschätzung	9,11,12
Woche 39	Für das Selbstverständliche danken	3,6,8,11
Woche 40	Ein Vorbild wertschätzen	2,9,10
Woche 41	Wertschätzung äußern	1,4,5,7
Woche 42	Danken Sie Ihren Sinnen	2,9,12
Woche 43	Wertschätzung für Ihre Vorfahren	3,6,7
Woche 44	Wertschätzen Sie sich selbst für die vergangenen 24 Stunden	3,6,9,11
Woche 45	Nichts tun	6,8,9,11,12
Woche 46	Wertschätzung äußern	1,4,5,7
Woche 47	Dank und Gratulation!	3,4,5,7,
Woche 48	Wer wünscht sich Wertschätzung?	3,4,5,7
Woche 49	Wertschätzen Sie sich selbst	2,3,6,9
Woche 50	Zukunftstraum	3,6,9,10
Woche 51	Erweitern Sie Ihr Herz und bringen Sie einem „Feind“ Wertschätzung entgegen	4,5,6,7
Woche 52	Dankesrede an die wichtigste Person in Ihrem Leben	1,3,6,9,10

5.5 Zusammenarbeit zwischen Herz und Hirn

„Ich habe festgestellt: Wenn ich liebe, bis es wehtut, verschwindet der Schmerz und nur die Liebe bleibt.“[45]

(Mutter Teresa)

Am HeartMath Institute in den USA erforscht man, wie Herz und Hirn zusammenarbeiten.[46] Man hat entdeckt, dass bestimmte Faktoren dazu beitragen, Kohärenz zwischen den Signalen herzustellen, mit denen Herz und Hirn kommunizieren: etwa tief, ruhig und regelmäßig zu atmen, während man seine Aufmerksamkeit auf die Herzgegend richtet. Am Institut fand man außerdem heraus, dass wir noch mehr Übereinstimmung zwischen Gehirn und Herz herstellen, wenn wir uns auf das konzentrieren, was uns berührt, worüber wir uns freuen, wofür wir dankbar sind oder was wir lieben. Für unsere physischen Prozesse macht es einen bedeutsamen Unterschied, ob wir über etwas sprechen, was wir haben möchten, wonach wir uns sehnen und was wir benötigen, statt über das, was wir nicht wollen oder womit wir unzufrieden sind. Die Richtung unseres Denkens und unserer Kommunikation wirkt sich auf den Fluss von mehr als Hundert unterschiedlichen körpereigenen Chemikalien aus.

Konzentrieren wir uns auf die Dankbarkeit und das, was wir wertschätzen, senden wir unserem Gehirn einen Wunsch und bitten ihn, „Wohlfühl-Hormone“ freizusetzen, die zu einem höheren Dankbarkeitsniveau beitragen.[47] So entsteht eine positive Spirale, von der sowohl das Herz als auch das Hirn und unser Nervensystem beeinflusst werden.

Wir können Gefühle als Gebete verstehen – Gebete für Wohlbefinden und Liebe, die wir mit uns durch den Tag tragen. Während meines ersten längeren Retreats in Sri Lanka lernte ich eine Meditationstechnik, die mir hilft, meinen Tag zu genießen. Sie wird Metta-Meditation (oder: Liebende-Güte-Meditation) genannt und weist viele Ähnlichkeiten mit den am HeartMath Institute angewandten Methoden auf, besonders mit einer Technik, die als „Heart Lock-In“ bezeichnet wird.

Also ziehe ich Inspiration aus beiden. Ich verlagere meinen Fokus von meinen Gedanken auf die Gegend um mein physisches Herz und nehme einige tiefe, gleichmäßige Atemzüge. Wenn ich mit meiner Aufmerksamkeit dort bin, erinnere ich mich an etwas oder jemanden, das oder den ich wertschätze und der oder das Freude in mir auslöst. Ich lege oft die Hand aufs Herz, wie eine Erinnerung. Manchmal bemerke ich Gedanken an ein Geschehnis, das mich froh macht, oder an einen Ort oder eine Person, die Liebe und Wärme in mir weckt.

Das kann mir das Gefühl geben, mein Herz würde sich öffnen – manchmal ist es nur ein schönes Gefühl von Wärme und Achtsamkeit und manchmal fühlt es sich sogar an, als zerspringe und schmerze mein Herz.

Als Nächstes können Sie sich vorstellen, dass Sie durch das Herz ein- und ausatmen und dabei Wertschätzung und Dankbarkeit hindurchströmen lassen. Die Atmung wird zu einer zärtlichen Liebkosung des eigenen Inneren.

Wollen Sie einen Schritt weitergehen, können Sie Menschen aus Ihrem Umfeld an diesen Gefühlen von Dankbarkeit oder Liebe teilhaben lassen. Sie atmen ein und saugen das gute Gefühl ein und sie atmen aus und „senden" es hinaus. Vielleicht möchten Sie noch einen Schritt weitergehen und sich vorstellen, dass Sie dieses Gefühl zu Menschen schicken, die Ihnen nicht besonders nahestehen, die Sie vielleicht sogar als Feinde bezeichnen würden.

Einige der „Testpersonen", schrieben über ihre Erfahrungen mit den Übungen der Wochen 31 bis 33 (inspiriert von der Metta-Meditation und HeartMath) Folgendes:

Wenn mein Herz kalibriert sein soll, muss es verletzlich und offen sein und braucht daher eine Menge Fürsorge.

Es ist mein Herz, mit dem ich Liebe, Fürsorge, Empathie und Wärme spüre, also muss ich mich gut darum kümmern.

Dank meines Herzens weiß ich, was Gemeinschaft ist, und es vermittelt mir Informationen darüber, wie ich mit anderen verbunden bin und einen Beitrag für sie erbringen kann.

Die Verletzlichkeit meines Herzens ist seine Stärke. Mein Herz weiß, wie das Leben gelebt werden soll. Es steht in direkter Verbindung zum Leben.

Ignorieren Sie nicht dem Anschein nach kleine Signale des Herzens – sie erzählen häufig von großen Dingen und sind wichtig! Achten Sie darauf, es zu nähren, indem Sie ihm mit Wärme und mit Achtsamkeit zuhören.

HeartMath: Fragen und Antworten

Die Übungen, die vom HeartMath Institute vorgeschlagen werden, fühlen sich wahnsinnig einfach an. Können sie wirklich etwas bewirken und falls ja: was?
Man kann unter anderem das vegetative Nervensystem beeinflussen, das 95 Prozent aller Körperfunktionen steuert, indem man gleich lang ein- und ausatmet. Richtet man, während man atmet, seinen Fokus zusätzlich auf das Herz, so hilft dies dem Herzen, Kohärenz zu erreichen und einen Rhythmus, der wiederum den Rest des Körpers inklusive des Gehirns beeinflusst.

Warum wird empfohlen, dass man die Augen offen lässt, während man die HeartMath-Übungen macht?
Weil es nicht um Entspannung geht, sondern um Kohärenz. HeartMath soll auf lange Sicht betrachtet in allen Situationen möglich sein, sogar während man Auto fährt. Deshalb ist es besser, sich gar nicht erst anzugewöhnen, es mit geschlossenen Augen durchzuführen. Es geht nicht in erster Linie darum, ruhig zu werden oder seinen Puls zu senken, sondern um Kohärenz zwischen Herz und Hirn. Und das geht sogar bei hoher Stimulation von außen, daher funktioniert HeartMath sogar bei körperlicher Aktivität wie z. B. beim Eishockey oder beim Laufen.

Aber es geht doch wohl auch darum, dass man sich entspannt. Und das ist mit geschlossenen Augen besser möglich.
Selbstverständlich können Sie die Augen während der Übungen schließen – sofern Sie nicht gerade Auto fahren. Es gibt einen wichtigen Unterschied zwischen Kohärenz und Entspannung, und der Zweck der Übung ist vor allem, Kohärenz zu erreichen. Entspannung kann vereinfacht als Herunterfahren des Pulses und Entspannung des Körpers beschrieben werden, sodass man Zufriedenheit erlebt. Kohärenz lässt sich vereinfacht so beschreiben: Unser Herzschlag ist gleichmäßig, ganz egal wie hoch der Puls ist, und „alle anderen Systeme" schlagen im gleichen Takt und arbeiten in die gleiche Richtung.

Eine Verbindung zu meinem Herzen herzustellen fühlt sich so schwammig und unklar an und fällt mir sehr schwer.
Ein wertvoller Tipp ist, eine Hand auf das Herz zu legen, um die Herzgegend deutlicher zu spüren. Ein weiterer, die Übung im Stehen durchzuführen, sodass die Herzgegend freier ist. Für manche Menschen funktioniert es am besten, wenn sie dabei langsam gehen.

5.6 Der Glückstest[48]

Deutliches Feedback schenkt uns Klarheit darüber, wie wir uns entwickeln. Ohne Feedback entgehen uns oft die kleinen Fortschritte, die wir machen. Feedback warnt uns außerdem, wenn wir mit unserem Vorhaben nicht vorankommen, und hilft uns, unser Programm anzupassen.

Um zu beurteilen, ob die Veränderungen, die Sie erreichen wollen, mehr Glück in ihr Leben bringen, können Sie den folgenden Test verwenden. Machen Sie ihn, so oft Sie mögen. Ich schlage vor, einmal im Monat.

Mithilfe Ihrer Testergebnisse können Sie verfolgen, wie Ihr Glückserleben sich im Lauf der Zeit verändert; die Ergebnisse können Ihnen aber *nicht* Ihr Grundniveau zeigen. Die von Ihnen erreichten Werte liefern kein statisches Ergebnis und der Test erlaubt auch keinen Vergleich mit anderen. Aber Sie können sich anhand der Testergebnisse mit *sich selbst* vergleichen und überprüfen, wie stark der Effekt Ihrer Bemühungen ist – als würden Sie Ihren aktuellen Trainingsstand ermitteln und mit einem früheren Zeitpunkt vergleichen. Nutzen Sie den Test als Grundlage Ihrer Reflexionen, nicht als Fazit darüber, wie etwas „ist".

Es folgen einige Behauptungen über persönliches Glück. Lesen Sie alle drei Feststellungen einer Gruppe und wählen Sie diejenige, die am besten beschreibt, wie Sie sich in der zurückliegenden Woche (einschließlich des heutigen Tages) gefühlt haben bzw. fühlen.

1a. Ich fühle mich nicht glücklich.
1b. Ich fühle mich ziemlich glücklich.
1c. Ich fühle mich sehr glücklich.

2a. Ich fühle mich nicht besonders optimistisch im Hinblick auf die Zukunft.
2b. Ich fühle mich optimistisch im Hinblick auf die Zukunft.
2c. Ich finde, ich habe sehr viel, worauf ich mich freuen kann.

3a. Ich bin mit nichts in meinem Leben wirklich zufrieden.
3b. Ich bin mit einigen Dingen in meinem Leben zufrieden.
3c. Ich bin mit sehr vielen Dingen in meinem Leben zufrieden.

4a. Ich finde nicht, dass ich besonders viel Kontrolle über mein Leben habe.
4b. Ich fühle mich zumindest teilweise in Kontrolle über mein Leben.
4c. Ich finde, ich habe meistens die Kontrolle über mein Leben.

5a. Ich finde nicht, dass das Leben mir viel gibt.
5b. Ich finde, das Leben gibt einiges.
5c. Ich finde, das Leben gibt mir sehr viel.

6a. Ich bin nicht sonderlich zufrieden mit mir.
6b. Ich bin zufrieden damit, wie ich bin.
6c. Ich bin sehr zufrieden damit, wie ich bin.

7a. Ich kann die Geschehnisse in meinem Leben nie in guter Weise beeinflussen.
7b. Ich kann die Geschehnisse in meinem Leben manchmal in guter Weise beeinflussen.
7c. Oft kann ich die Geschehnisse in meinem Leben in guter Weise beeinflussen.

8a. Ich komme im Leben ganz passabel zurecht.
8b. Das Leben ist gut.
8c. Das Leben ist sehr gut.

9a. Ich bin nicht sonderlich interessiert an anderen Menschen.
9b. Ich bin ziemlich interessiert an anderen Menschen.
9c. Ich bin sehr interessiert an anderen Menschen.

10a. Ich finde es nicht leicht, Entschlüsse zu fassen.
10b. Ich finde es relativ leicht, Entschlüsse zu fassen.
10c. Ich finde es leicht, Entschlüsse zu fassen.

11a. Ich finde es schwer, in die Gänge zu kommen und Dinge zu erledigen.
11b. Ich finde es relativ leicht, in die Gänge zu kommen und Dinge zu erledigen.
11c. Ich finde es leicht, in die Gänge zu kommen und Dinge zu erledigen.

12a. Ich wache selten ausgeruht auf.
12b. Ich wache manchmal ausgeruht auf.
12c. Ich wache oft ausgeruht auf.

13a. Ich fühle mich überhaupt nicht energiegeladen.
13b. Ich fühle mich ziemlich energiegeladen.
13c. Ich fühle mich sehr energiegeladen.

14a. Ich finde nicht, dass Dinge einen besonderen „Glanz" haben, ich sehe die Schönheit der Dinge nicht.
14b. Ich erlebe die Schönheit in einigen Dingen.
14c. Ich erlebe die Schönheit in den meisten Dingen.

15a. Ich fühle mich geistig nicht munter und beweglich.
15b. Ich fühle mich geistig ziemlich munter und beweglich.
15c. Ich fühle mich geistig sehr munter und beweglich.

16a. Ich fühle mich nicht besonders gesund.
16b. Ich fühle mich weitestgehend gesund.
16c. Ich fühle mich sehr gesund.

17a. Ich hege keine sonderlich warmen Gefühle für andere.
17b. Ich hege einige warme Gefühle für andere.
17c. Ich hege viele warme Gefühle für andere.

18a. Ich habe nicht besonders glückliche Erinnerungen an die Vergangenheit.
18b. Ich habe einige glückliche Erinnerungen an die Vergangenheit.
18c. Die meisten Erinnerungen an die Vergangenheit sind wohl glücklich.

19a. Ich erlebe nie Freude oder Heiterkeit.
19b. Ich erlebe manchmal Freude und Heiterkeit.
19c. Ich erlebe oft Freude und Heiterkeit.

20a. Es gibt eine Kluft zwischen dem, was ich tun möchte, und dem, was ich getan habe.
20b. Ich habe einige der Dinge getan, die ich tun wollte.
20c. Ich habe viele Dinge getan, die ich tun wollte.

21a. Ich kann meine Zeit nicht besonders gut organisieren.
21b. Ich kann meine Zeit recht gut organisieren.
21c. Ich organisiere meine Zeit sehr gut.

22a. Ich habe wenig Spaß mit anderen Menschen.
22b. Ich habe manchmal Spaß mit anderen Menschen.
22c. Ich habe oft Spaß mit anderen Menschen.

23a. Ich löse selten Freude in anderen aus oder muntere sie auf.
23b. Ich löse manchmal Freude in anderen aus und muntere sie auf
23c. Ich löse oft Freude in anderen aus und muntere sie auf.

24a. Ich habe kein spezielles Gefühl, dass mein Leben einem Sinn oder einer Bestimmung folgt.
24b. Ich habe ein Gefühl, dass mein Leben einem Sinn oder einer Bestimmung folgt.
24c. Ich habe ein starkes Gefühl, dass mein Leben einem Sinn oder einer Bestimmung folgt.

25a. Ich empfinde mich nicht als besonders engagiert.
25b. Ich engagiere mich manchmal.
25c. Ich engagiere mich oft.

26a. Ich finde nicht, dass die Welt ein guter Ort ist.
26b. Ich finde, die Welt ist ein recht guter Ort.
26c. Ich finde, die Welt ist ein sehr guter Ort.

27a. Ich lache selten.
27b. Ich lache relativ oft.
27c. Ich lache sehr oft.

28a. Ich finde nicht, dass ich attraktiv bin.
28b. Ich finde, ich bin halbwegs attraktiv
28c. Ich finde, ich bin sehr attraktiv.

29a. Ich denke selten oder nie, dass Dinge unterhaltsam oder interessant sind.
29b. Ich finde einige Dinge unterhaltsam und interessant.
29c. Ich finde vieles unterhaltsam und interessant.

Addieren Sie die Anzahl der Punkte für alle 29 Fragen auf folgende Weise: Jede Antwort a) gibt 0 Punkte. Jede Antwort b) gibt 1 Punkt. Jede Antwort c) gibt zwei Punkte.

Datum ______________________

Glückspunkte ______________________

____

____

Wörter für Gefühle

ängstlich
aufgeregt
befriedigt
bekümmert
beschämt
besorgt
bestürzt
dankbar
deprimiert
einsam
energievoll
enthusiastisch
entzückt
erbost
erregt
erstaunt
frustriert
froh
gelangweilt
genervt
gereizt
gerührt
geschockt
gespannt
gestresst
hoffnungsfroh
lebendig
lustlos
misstrauisch
müde
munter
nervös
neugierig
niedergeschlagen
peinlich berührt
rastlos
ruhig
sauer
sicher
skeptisch
stolz
träge
traurig
überrascht
überwältigt
ungeduldig
uninteressiert
unschlüssig
untröstlich
verletzlich
verwirrt
verzweifelt
wütend
zufrieden
zwiegespalten

Wörter für Bedürfnisse

Akzeptanz
Balance
Bedeutsamkeit
Berührung
Bestätigung
Beteiligung
Bewegung
Echtheit, Authentizität
Effektivität
Ehrlichkeit
Einfachheit
Empathie
Entspannung
Feiern, sich freuen
Frieden
geben, beitragen
Gegenseitigkeit
Gemeinschaft
gesehen und gehört werden
Gesundheit
geteilte Wirklichkeit
Gleichheit
Harmonie
Inspiration
Integrität
Klarheit
Kommunikation
Kontakt
Kreativität
Lehren
Licht
Liebe
Nähe
Nahrung
Ordnung
Respekt
Rücksicht, Fürsorge, Zuwendung
Ruhe, Schlaf
Schönheit
Schutz
Selbstbestimmtheit
sexueller Ausdruck
Sicherheit
Sinn
Spiel, Unsinn
Trauer
Unterstützung
Verständnis
Vorhersagbarkeit
Wahlfreiheit
Wärme
Zusammenarbeit
Zusammengehörigkeit
Zuversicht, Vertrauen

Mein Dank!

„Den Mann muss ich erst noch finden, der, unabhängig von seiner Position, in einem wohlwollenden Klima nicht besser arbeitet und sich mehr anstrengt als jemand, der laufend kritisiert wird."

(Charles Schwab)

Es gibt vieles, wofür man dankbar sein kann. Während der ca. zwei Jahre, die ich an diesem Buch geschrieben habe, erhielt ich wertvolle Unterstützung von vielen Menschen. Mehrere testeten zwölf Monate lang die Übungen des Dankbarkeitsjahres. Sie lasen, was ich geschrieben hatte, und gaben mir Feedback darüber, was gestrichen werden konnte und was ergänzt werden sollte. Besonderer Dank gilt Birgitta Nilsson, Kay Rung, Carola Johansson, Katarina Hoffmann, Medina Törrisen, Johan Rinman, Jenny Nilsson und Elisabeth Öhman – danke für Eure Unterstützung während dieser Reise. Ich möchte auch allen anderen danken, die zu Einsichten, Klarheit, Inspiration und Dankbarkeit beitrugen.

Zwei meiner „Testpersonen", die die Übungen vorab durchgeführt haben, schrieben Folgendes:

Das Dankbarkeitsjahr hat dazu geführt, dass ich mehr Freude, Liebe und Dankbarkeit in meinem Leben empfinde. Ich fühle mehr Kontrolle und habe erkannt, dass ich mein Leben in gewisser Weise beeinflussen kann. Gleichzeitig akzeptiere ich, dass ich nicht immer die Macht habe, Dinge zu verändern.

Ich habe mehr Zuversicht bekommen, dass ich Dinge beeinflussen kann und dass das Leben mir Gutes will.

Ich bin dankbar, dass ich mich während des Schreibens an diesem Buch in die Glücksforschung vertiefen konnte und verstanden habe, wie ich mehr Glück in mein eigenes Leben einladen kann. Ich entscheide mich nun fast täglich bewusst für eine Aktivität, von der ich weiß, dass sie mein Glücksniveau erhöht, und richte meinen Blick jeden Tag auf eine Sache, für die ich dankbar bin. Das kostet kaum Zeit, bewirkt aber einen großen Unterschied.

Schließlich möchte ich meinem Sohn danken, der mich jeden Tag daran erinnert, dass ich leben will und dass ich gut leben will. Er sorgt dafür, dass ich mich selbst am Schlafittchen packe, wenn ich am Morgen alle möglichen Dinge vorschieben möchte, statt mein Glück selbst zu erschaffen.

Denken Sie daran: Das Glück ist nicht weiter entfernt als ein „Danke"!

Literaturtipps und Quellen

Bauer, Joachim (2006): *Warum ich fühle, was Du fühlst. Intuitive Kommunikation und das Geheimnis der Spiegelneurone.* München: Heyne.

Brown, Brené (2010): *Gifts of Imperfection. Let Go of Who You Think You're Supposed to Be and Embrace Who You Are.* Center City: Hazelden.

Ehrenreich, Barbara (2010): *Smile or Die. Wie die Ideologie des positiven Denkens die Welt verdummt.* München: Kunstmann.

Frankl, Viktor E. (2009): *… trotzdem Ja zum Leben sagen. Ein Psychologe erlebt das Konzentrationslager.* München: Kösel.

Holst, Sven-Gösta (2002): *En rimligare värld.* Örebro: Libris.

Gibran, Khalil (2011): *Der Prophet.* Freiburg: Herder.

Kohn, Alfie (1999): *Punished by rewards. The Trouble with Gold Stars, Incentive Plans, A's, Praise, and Other Bribes.* Boston: Houghton Mifflin.

Larsson, Liv (2012): *Wut, Schuld und Scham. Drei Seiten der gleichen Medaille.* Paderborn: Junfermann.

Larsson, Liv (2009): *Led som du lär. Kursledarskap med Nonviolent Communication.* Svensbyn: Friare Liv.

Larsson Liv (2007): *Lilla känsloboken.* Svensbyn: Friare Liv.

Larsson, Liv (2011): *Nonviolent Communication i praktiken 2.0. En Övningsbok till Marshall Rosenbergs bok Nonviolent Communication, ett språk för livet.* Svensbyn: Friare Liv.

Larsson, Liv (2009): *Begegnung fördern. Mediation in Theorie und Praxis.* Paderborn: Junfermann.

Liedloff, Jean (2013): *Auf der Suche nach dem verlorenen Glück. Gegen die Zerstörung unserer Glücksfähigkeit in der frühen Kindheit.* München: C.H.Beck

Lerner, Michael (2000): *Spirit Matters.* Charlottesville: Hampton Roads Publishing Company.

Lyubomirsky, Sonja (2013): *Glücklich sein. Warum Sie es in der Hand haben, zufrieden zu leben.* Franfurt am Main: Campus.

Muller, Wayne (1997): *How Then, Shall We Live? Four Simple Questions That Reveal the Beauty and Meaning of Our Lives.* New York: Bantam.

Muller, Wayne (1999): *Sabbath. Restoring the Sacred Rhythm of Rest.* New York: Bantam.

Rosenberg, Marshall B. (2015): *Den Schmerz überwinden, der zwischen uns steht. Wie Heilung und Versöhnung gelingen.* Paderborn: Junfermann.

Rosenberg, Marshall B. (2004): *Erziehung, die das Leben bereichert. Gewaltfreie Kommunikation im Schulalltag.* Paderborn: Junfermann.

Rosenberg, Marshall B. (2011): *Gewaltfreie Kommunikation. Eine Sprache des Lebens.* Paderborn: Junfermann.

Rosenberg, Marshall B. (2013): *Das können wir klären! Wie man Konflikte friedlich und wirksam lösen kann.* Paderborn: Junfermann.

Tudor-Sandahl, Patricia (2007): *I tacksamhetens tecken.* Stockholm: Wahlström & Widstrand.

Webseiten zum Thema GfK

↗ http://www.friareliv.se: Webseite des von Liv Larsson gegründeten und geführten Verlags Friare Liv

↗ http://www.cnvc.org: Webseite des Center for Nonviolent Communication

↗ http://www.gewaltfrei.de: Portal mit Informationen, Adressen und Terminen rund um die GFK in Deutschland

Anmerkungen

1 Bauer, Joachim (2006): Warum ich fühle, was Du fühlst. Intuitive Kommunikation und das Geheimnis der Spiegelneurone. München: Heyne.
2 Goldman, Anita (2005): Guds älskarinnor: Om hängivna kvinnor i en livsrädd värld. Stockholm: Natur & Kultur.
3 Frankl, Viktor E. (2009): ... trotzdem Ja zum Leben sagen. Ein Psychologe erlebt das Konzentrationslager. München: Kösel.
4 ↗ https://de.wikipedia.org/wiki/Mudita (4. Januar 2016)
5 Joy is God's way of letting you know you are on the right path.
6 I do not trust prayers that do not end in action. I do not trust tears that do not end in action. But I do not trust actions that do not come from prayers and tears.
7 Edhin, Susanna (2004), Den självläkanda människan. Stockholm: Forum.
8 ↗ http://www.brainyquote.com/quotes/quotes/b/brenebrown553088.html „Unsere Fähigkeit, in unserem Herzen ganz zu werden, kann niemals größer sein als unsere Bereitschaft, uns das Herz brechen zu lassen".
9 Etwa: Wisch, wisch, weg ist deine saure Miene. (Anmerk. d. Übers.).
10 Ehrenreich, Barbara (2010): Smile or Die. Wie die Ideologie des positiven Denkens die Welt verdummt. München: Kunstmann.
11 ↗ http://gutenberg.spiegel.de/buch/oscar-wilde-m-1832/1 (4. Januar 2015)
12 Muller, Wayne (2000): Sabbath: Finding Rest, Renewal, and Delight in Our Busy Lives. New York: Bantam. „Wenn wir leben, ohne dem Zeitmaß der Dinge zu lauschen und ohne Pause in 24-Stunden-Schichten arbeiten – dann befinden wir uns im Kriegszustand, bereit zur Schlacht."
13 Lerner, Michael (2000), Spirit Matters. Hampton Roads Publ. Company.
14 Holst, Sven-Göran (red.) (2002), En rimligare värld. Libris.
15 Hier muss ich ein wenig lachen, denn diese Regel ist nun wirklich schwer einzuhalten, wenn man – wie ich – in einem Haus in Nordschweden lebt, das mit Holz geheizt wird und es draußen 25 Grad Minus hat.
16 Einen Mini-Vorgeschmack auf den Sabbat erhalten Sie unter anderem durch die Übungen „Nichts tun" und „Körperwertschätzung" im Kapitel mit den Übungen für Ihr Dankbarkeitsjahr.
17 Muller, Wayne (1997): How Then, Shall We Live? Four Simple Questions That Reveal the Beauty and Meaning of Our Lives. New York: Bantam.
18 Laut Forschung am HeartMath Institute.
19 Härdelin Alf (2005): Hildegard av Bingen, helgon. Tolkning och presentation av Hildegard av Bingens verk „Den himmelska harmonin". Enskede TPE.
20 Larsson, Liv (2011): Nonviolent Communication i praktiken 2.0. En Övningsbok till Marshall Rosenbergs bok Nonviolent Communication, ett språk för livet. Svensbyn: Friare Liv.
21 Rosenberg, Marshall B. (2011): Gewaltfreie Kommunikation. Eine Sprache des Lebens. Paderborn: Junfermann.
22 Rosenberg, Marshall B. (2011): Gewaltfreie Kommunikation. Eine Sprache des Lebens. Paderborn: Junfermann. (Von diesem Text heißt es oft, er sei von Nelson Mandela 1994 in seiner Antrittsrede als Präsident zitiert worden. Er stammt jedoch von der Schriftstellerin Marianne Williamson und ist in ihrem Buch „Rückkehr zur Liebe [München: Goldmann 2016] zu finden.

23 Kohn, Alfie (1999): Punished by Rewards. The Trouble with Gold Stars, Incentive Plans, A's, Praise, and Other Bribes. Boston: Houghton Mifflin.
24 ↗ http://www.svd.se/kulturnoje/nyheter/ar-priset-slutet-pa-karriaren_5438545.svd (9. November 2010)
25 ↗ http://www.aphorismen.de/gedicht/84373, 14.12.2015
26 Benedict, Ruth (2006): Patterns of Culture. New York: Mariner Books.
27 ↗ http://www.twice.se/moder_theresa.html (10. Februar 2010).
28 Wenn ich das Wort Glücksgefühle verwende, meine ich damit Gefühle wie beispielsweise Freude, Erleichterung, Neugier, Berührt-Sein, Hoffnung, Heiterkeit oder Wärme.
29 Eine der grundlegenden Ideen des Lachyoga. ↗ http://www.svt.se/2.15856/1.338391/forbattra_din_hal-sa_med_skrattyoga?lid=puff_653506&lpos=extra_3 (2. Dezember 2010).
30 Lyubomirsky, Sonja (2008), The How of Happiness. A Scientific Approach to Getting the Life You Want. New York: The Penguin Press. Lyubomirsky, S. (2008).
31 Ein Einwand gegen die Glücksforschung lautet, dass die Ergebnisse zu einem großen Teil in den USA oder in Europa erhoben wurden, also in Ländern mit hohem Lebensstandard und relativ stabiler politischer Lage.
32 Lyubomirsky, Sonja (2013): Glücklich sein. Warum Sie es in der Hand haben, zufrieden zu leben. Frankfurt am Main: Campus.
33 Gilbert, Daniel (2008): Ins Glück stolpern: Suche dein Glück nicht, dann findet es dich von selbst, München: Goldmann.
34 ↗ http://www2.eur.nl/fsw/research/veenhoven/
35 Diese zwölf Strategien beschreibt Sonja Lyubomirsky in ihrem Buch „Glücklich sein. Warum Sie es in der Hand haben, zufrieden zu leben". Ihre Forschung hat gezeigt, dass diese Strategien tatsächlich zu mehr Glückserleben führen.
36 Lyubomirsky, Sonja (2013): Glücklich sein. Warum Sie es in der Hand haben, zufrieden zu leben. Frankfurt am Main: Campus.
37 Larsson, Liv (2012): Wut, Schuld und Scham. Drei Seiten der gleichen Medaille. Paderborn: Junfermann.
Hier erfahren Sie mehr darüber, wie Wut, Schuld und Scham nicht nur unsere Motivation beeinflussen, sondern unsere gesamte innere Landschaft formen.
38 ↗ http://www.kreativinsikt.se (26. Juni 2010)
39 The mind can go in a thousand directions,
but on this beautiful path, I walk in peace.
With each step, a gentle wind blows.
With each step, a flower blooms.
↗ http://www.goodreads.com/quotes/208997-the-mind-can-go-in-a-thousand-directions-but-on
40 Muller, Wayne (1997): How Then, Shall We Live? Four Simple Questions That Reveal the Beauty and Meaning of Pur Lives. New York: Bantam.
41 Lyubomirsky, Sonja (2013): Glücklich sein. Warum Sie es in der Hand haben, zufrieden zu leben. Frankfurt am Main: Campus.
42 Lyubomirsky, Sonja (2013): Glücklich sein. Warum Sie es in der Hand haben, zufrieden zu leben. Frankfurt am Main: Campus.
43 Larsson, Liv (2012): Wut, Schuld und Scham. Drei Seiten der gleichen Medaille. Paderborn: Junfermann.

44 Eine meiner „Testpersonen“ äußerte dies nach zehn Wochen intensivem Üben. Sie entschied sich, mehrere Wochen bei einer Übung zu bleiben, statt wöchentlich zu wechseln, und fand ihre Motivation wieder.

45 ↗ http://www.twice.se/moder_theresa.html (10. Februar 2010).

46 Das HeartMath Institute ist eine Forschungseinrichtung, die sich der Physiologie der Gefühle, der Kommunikation zwischen Herz und Hirn, der Neurokardiologie und der Stressbewältigung widmet. Am Institut wird in den Bereichen Psychophysiologie, Neurokardiologie und Biophysik geforscht. Die Forschung beinhaltet auch klinische Untersuchungen von Funktionen aus der Arbeitsplatz- und Organisationsperspektive sowie zu Behandlungseffekten.

47 Weitere Informationen finden Sie auf ↗ http://www.heartmath.org.

48 Dieser Test lehnt sich an den „Oxford Happiness Questionaire“ an, der von Peter Hills und Michael Argyle entwickelt wurde. Den Original-Fragebogen finden Sie hier: ↗ http://happiness-survey.com. Eine deutschsprachige Version ist u. a. zu finden in: Lyubomirsky, Sonja (2013): Glücklich sein. Warum Sie es in der Hand haben, zufrieden zu leben. Frankfurt am Main: Campus (S. 92–97).

Über die Autorin

Liv Larssons Freude daran, neue Dinge zu lernen, ihre Neugierde und ihr Wissen um die menschliche Kommunikation sind Antrieb und Grundlage für ihre Bücher.

In über dreißig Jahren hat Liv andere Menschen ausgebildet, hat gelehrt und versucht zu leben, was sie lehrt. Seit 1999 arbeitet sie mit der Gewaltfreien Kommunikation und ist CNVC-zertifizierte GFK-Trainerin. Sie vermittelt in Mediationen und leitet Ausbildungen und Workshops sowohl in Schweden als auch international.

Neben den auf Deutsch bei Junfermann erschienenen Titeln „Begegnung fördern", „Wut, Schuld und Scham" und „42 Schlüsselunterscheidungen in der GFK" hat sie in Schweden weitere Bücher zum Thema Gewaltfreie Kommunikation sowie zwei Kinderbücher über Kommunikation veröffentlicht.

Sie übersetzte mehrere Bücher von Marshall Rosenberg ins Schwedische. Diese erschienen in ihrem eigenen Verlag Friare Liv Konsult, den sie 1992 gründete und zusammen mit Kay Rung betreibt.